CONSTANTIN LANGUILLE

LA POSSIBILITÉ DU COSMOPOLITISME

BURQA, DROITS DE L'HOMME ET VIVRE-ENSEMBLE

le débat
Gallimard

INTRODUCTION

Le 12 octobre 2010 a paru au *Journal officiel de la République française* une étrange loi, interdisant la dissimulation du visage dans l'espace public. Étrangeté du nom, d'abord. L'adoption de la loi a été précédée d'une mission d'information parlementaire sur la pratique du port du voile intégral sur le territoire national et d'une étude du Conseil d'État relative aux possibilités juridiques d'interdiction du port du voile intégral. Pourquoi alors cette pudeur de la part du législateur, ce refus de nommer ce que l'on entend interdire ? Étrange, cette loi l'est aussi par les modalités de son vote : elle a été adoptée à la quasi-unanimité des députés mais les parlementaires de gauche[1] n'ont pas pris part au vote. Étrange loi enfin par la rapidité de son processus d'élaboration : entre l'irruption du thème de la burqa sur la scène publique en juin 2009 et l'adoption définitive de la loi, il s'est écoulé à peine plus d'une année. Que révèle cette hâte sur l'état de notre société ? Quel sens donner à un

1. À l'Assemblée nationale, la loi a été adoptée par 335 députés sur 339 votants ; sur les 204 députés socialistes et radicaux, seuls 18 ont voté pour, les autres ne prenant pas part au vote. Au Sénat, 246 sénateurs sur 247 votants ont voté pour ; sur les 116 sénateurs socialistes, 46 ont voté pour.

tel épisode législatif? Quelles leçons pouvons-nous en tirer pour le futur? Voici les questions auxquelles nous allons tenter de répondre.

Afin de convaincre ceux de nos lecteurs qui estimeraient *a priori* que ce sujet n'a aucun intérêt de rester en notre compagnie, nous partirons d'une question simple : qu'est-ce qui a poussé ces députés et sénateurs, pour la plupart de droite, à adopter cette loi? Pour les citoyens que nous sommes, il importe de savoir si nos représentants se sont emparés d'un sujet d'importance ou s'ils ont été les victimes d'une sorte de mouvement collectif irrationnel, voire d'une manipulation politique. Ne serait-ce que pour évaluer l'état de notre démocratie, il est déjà crucial de trancher entre ces deux opinions.

Au-delà, le voile intégral nous semble être un sujet majeur, non pas parce qu'il est représentatif, au sens sociologique du terme, des évolutions qui affectent les citoyens français de confession musulmane, mais parce qu'il est rare et radical. En tant que «cas limite», il jette une lumière crue sur les tensions qui parcourent notre système politique. Comme nous allons le voir, le débat politique qu'il a suscité a constitué une sorte de scène idéale sur laquelle tous les arguments relatifs à la place de l'islam dans la société française ont trouvé à s'exprimer et à s'opposer. C'est la perspective révélatrice du voile intégral qui nous intéresse.

Nous concevons cette étude comme une invitation au débat et à l'échange : notre but n'est pas de livrer des conclusions définitives mais de soumettre au jugement du lecteur les questions fondamentales que révèle l'épisode de la burqa. Cela ne signifie pas que nous nous contenterons d'exposer les arguments qui ont été échangés au cours des débats. Sur un certain nombre de faits, nous sommes persuadés qu'un consensus est possible : certains constats peuvent être dressés et réunir un large assentiment. Ces diagnostics sont cependant essentiellement problématiques : ils recèlent tous une tension intérieure, une question douloureuse à laquelle personne n'a de réponse simple à apporter. Tel est notre objectif : parvenir à un accord sur ce qui fâche.

Cinq observations peuvent être faites à propos de l'épisode de la burqa.

1° Ce que nous apprend le déroulement du débat politique sur la burqa, c'est d'abord l'importance et la sensibilité du sujet de l'islam au sein de la classe politique française et de l'opinion publique. Qu'un vêtement qui concerne quelques centaines de femmes sur le territoire puisse faire l'objet d'une loi d'exception révèle l'intensité des passions que suscite cette religion. La question est alors de déterminer les causes de cet intérêt pour l'islam : s'agit-il d'une passion xénophobe, partagée par une partie importante de la population et nourrie par les discours de peur des politiciens et des médias, ou d'autres raisons justifient-elles cette inquiétude ?

2° L'épisode de la burqa met en lumière la profonde mésentente entre juristes et hommes politiques sur le sens à donner aux principes républicains comme la laïcité et la dignité de la personne humaine. Ces références, qui font apparemment consensus, sont en réalité polysémiques : leur signification n'a rien d'évident. Alors que la laïcité et la dignité ont été invoquées par les hommes politiques pour justifier une interdiction du voile intégral, la définition qu'en donne le système juridique ne leur permet pas de servir de fondement à un tel projet. L'incompréhension est telle que les juristes vont jusqu'à expliquer aux députés que leur conception de ces principes est non seulement contraire au droit en vigueur, mais aussi particulariste, c'est-à-dire partagée uniquement par une partie de la population française et non susceptible d'être universalisée.

Le but de cette étude n'est pas de distribuer les bons et mauvais points, ni de déterminer qui a raison ou tort quant au contenu véritable de la laïcité et de la dignité humaine, mais de montrer que cette plongée dans l'imaginaire politique du droit révèle deux choses : d'une part, on le pressent, que les principes républicains ont un contenu qui va bien au-delà du droit – il s'agit d'objets politiques, fréquemment mobilisés et aisément manipulables par les acteurs politiques ; d'autre part, que les controverses actuelles sur le principe de laïcité deviennent, nous semble-t-il, plus compréhensibles lorsqu'on les relie aux passions historiques des Français, et en particulier à l'événement fondateur qu'est la Révolution française.

3° Au-delà de ces discussions juridiques, la séquence de la burqa révèle l'incompatibilité qui existe entre deux éléments fondamentaux de notre projet de société. D'une part, nous souhaitons – plus que jamais peut-être – assurer le plein et égal respect des droits de l'homme. À chacun, il doit être garanti la pleine et entière jouissance de tous ses droits. D'autre part, nous voulons aussi, quelles que soient nos différences, *vivre ensemble*. Le « vivre-ensemble » constitue l'objectif de nombreuses politiques publiques, le mot d'ordre de la plupart des hommes politiques ainsi qu'une espérance largement partagée. L'épisode de la burqa laisse à penser que ces deux éléments ne sont pas si aisément conciliables[1].

1. Le lecteur pourra objecter qu'il s'agit là d'abord du projet de société de la gauche. Certains citoyens de droite critiquent les « droits-de-l'hommistes » et refusent de vivre avec leurs concitoyens issus de la « diversité ». Bien que ce profil politique existe, il nous semble que les droits de l'homme et le « vivre-

Les droits de l'homme garantissent la diversité. À partir du moment où chaque individu est laissé libre de ses choix, il n'est pas étonnant d'observer un affaiblissement des contraintes sociales et la floraison des individualités. En France, la renaissance de la thématique des droits de l'homme dans les années 1980 est contemporaine de la reconnaissance des identités régionales, de la lutte des homosexuels pour sortir de la marginalité et de la revendication du droit à la différence par les citoyens issus de l'immigration[1]. Aujourd'hui, les droits de l'homme sont invoqués, en toute rigueur juridique, pour justifier le port du voile intégral. En se couvrant le visage, ces femmes font simplement usage de la liberté de conscience que leur garantit la Déclaration des droits de l'homme et du citoyen de 1789 en son article 10.

Cependant, vivre ensemble pourrait nécessiter un niveau minimal de règles et de valeurs comprises et partagées par tous. Ne serait-ce que pour travailler ensemble, partager un espace commun ou participer à la vie citoyenne, des règles communes apparaissent nécessaires. Pour notre cas d'espèce, en deçà de toutes règles de langage ou de politesse, il est d'abord attendu de chacun qu'il accepte de montrer son visage dans l'espace public. Ainsi, la diversité

---

ensemble » constituent une référence partagée par la droite républicaine. Mais il est vrai qu'il devient difficile de tracer la frontière entre droite républicaine et extrême droite.

1. Il existe un consensus au sein de la science politique sur le fait que les années 1980 constituent un tournant. Elles ont marqué le déclin de la thématique de la lutte des classes et l'irruption de nouvelles mobilisations, revendiquant la reconnaissance des minorités par la société, au travers de leurs droits. Le débat sur l'extension du mariage aux couples homosexuels montre que nous ne sommes pas encore sortis de cette période de lutte pour la reconnaissance.

que protègent les droits de l'homme pourrait parfois ruiner le niveau minimal de règles communes sans lequel il n'est pas possible de vivre ensemble.

Le fait qu'il y a parfois à choisir entre vivre-ensemble et droits de l'homme est manifeste lorsque l'on considère le fondement juridique de la loi interdisant la dissimulation du visage dans l'espace public. Face à l'impossibilité d'invoquer les principes républicains, le législateur a dû trouver un autre fondement à son projet, ce qu'il a fait en inventant une notion nouvelle, celle d'« ordre public social ». En droit public, la notion d'ordre public est classiquement entendue, dans un sens purement matériel, comme la protection des biens et des personnes. La nouvelle composante immatérielle correspond au « socle minimal d'exigences réciproques et de garanties essentielles de la vie en société[1] ». C'est au nom des nécessités de la vie collective que le législateur a interdit le voile intégral.

En soi, cette contradiction n'est pas étonnante : la liberté sépare, alors que le vivre-ensemble lie, oblige et contraint. C'est l'équilibre à trouver entre les deux qui est problématique. Cette exigence a été parfaitement rendue par Mohammed Moussaoui[2], président du Conseil français du culte musulman, à l'occasion de son audition par la mission d'information parlementaire : « Le CFCM considère que pour assurer dans la sphère publique un meilleur "vivre-ensemble", il est essentiel, au-delà des impératifs de l'ordre public, que chacun prenne en compte, dans l'exercice de

1. CONSEIL D'ÉTAT, Étude relative aux possibilités juridiques d'interdiction du port du voile intégral, 25 mars 2010. Nous reviendrons sur les préventions des juristes à l'égard de ce nouveau concept.

2. Compte rendu n° 8, séance du 14 octobre 2009.

sa pratique religieuse ou culturelle, la perception de cette pratique par le reste de la société. En même temps, il est admis que dans cette sphère chacun doit reconnaître à l'autre le droit à la différence. » Toute la difficulté réside dans l'appréciation de cet « en même temps »...

En définitive, l'épisode du voile intégral pose la question de l'intervention de l'État pour garantir un niveau minimal de civilité dans la société. Revient-il au législateur démocratiquement élu de prendre en charge la réforme des mœurs, en œuvrant pour que ces dernières soient conformes à des standards minimaux, fixés par la loi et imposés par la contrainte ?

4° L'épisode du voile intégral montre aussi que les difficultés d'intégration des immigrés et de leurs descendants ne peuvent être discutées sans être reliées à la crise existentielle que traverse la France. Pour dire les choses simplement, il apparaît de plus en plus difficile de s'intégrer à une entité politique qui ne sait plus très bien qui elle est. Comme nous allons le montrer afin d'en peser les conséquences, la France traverse actuellement une transformation politique majeure qui bouleverse les cadres traditionnels au travers desquels s'effectuait l'intégration des nouveaux citoyens.

Cette transformation se manifeste par deux mouvements complémentaires : l'effacement progressif de la nation et la réduction de ce que nous avons en commun à la démocratie et aux droits de l'homme. En effet, lorsque la nation aura été définitivement dépassée, les droits de l'homme et la démocratie seront ce qu'il restera de commun aux êtres humains résidant sur le territoire français. Il est possible que ce dépassement du cadre national, loin de faciliter l'intégration des nouveaux citoyens en légitimant la diversité culturelle et religieuse, la rende plus difficile en les privant d'une connaissance claire et précise de ce qui est attendu d'eux. Il est particulièrement difficile de s'intégrer à quelque chose qui n'existe plus ou qui, tout du moins, est réputé ne plus exister. Nous approfondirons cette hypothèse en analysant les motifs du port du voile intégral.

Ce mouvement parallèle d'effacement progressif de la nation et de réduction du commun aux droits de l'homme peut être défini comme un approfondissement du libéralisme politique. En effet, les droits de l'homme appartiennent à la sphère intellectuelle du libéralisme, c'est-à-dire à la doctrine qui met l'accent sur la place prédominante de l'individu par rapport à la collectivité. Sur le plan économique, le libéralisme est depuis longtemps critiqué pour son incapacité à penser les nécessités de la vie sociale. Parce qu'il met l'accent sur le respect de la propriété privée et la concurrence, il génère une société, certes potentiellement riche, mais inégalitaire et précarisée. La vérité de ces critiques a conduit la totalité des États développés, dans des mesures variables, à établir des mécanismes assurantiels pour limiter les risques sociaux. Cependant, la critique demeure : le libéralisme, s'il peut s'accommoder de divers pansements sociaux, peine à penser le lien social, c'est-à-dire ce qui peut relier les hommes au-delà de l'intérêt bien compris.

Cette critique du libéralisme économique pourrait aussi être valable pour ce qui concerne la doctrine des droits de l'homme. Sa faiblesse réside dans son incapacité à établir les conditions du maintien du lien politique, c'est-à-dire du sentiment d'appartenance à une même entité politique. La doctrine des droits de l'homme, parce qu'elle permet à chacun de vivre selon ce qu'il croit ou ce qu'il pense, est éminemment pacificatrice. Cependant, il est possible, et c'est l'hypothèse que nous allons chercher à vérifier dans cette étude, que la réduction du commun aux droits de l'homme, plutôt que de hâter la pacification de la société, ne conduise à son morcellement. Le problème réside dans la surdité du libéralisme politique aux nécessités de la vie collective, c'est-à-dire au nécessaire maintien de valeurs communes au sein d'un groupe social.

La théorie politique contemporaine a donné un nom à cette nouvelle forme politique, qui succède à l'État-nation et qui ne conserve que les droits de l'homme comme fondement de la communauté : l'État cosmopolitique. Nous retrouvons ici le titre de notre ouvrage. La question fondamentale que pose la séquence de la burqa est celle de la possibilité du cosmopolitisme – cette forme politique réduite aux principes fondamentaux du libéralisme que sont les droits de l'homme.

Ami lecteur, tu pourras trouver – avec raison – que cette présentation est partiale : en mettant l'accent sur le caractère séparateur des droits de l'homme, ce développement introductif a mis de côté l'autre pilier du cosmopolitisme qu'est la démocratie. Or, il se pourrait bien que ce régime soit en mesure, au travers de la participation des citoyens à la délibération collective, de créer du lien social et de tempérer ainsi les effets centrifuges de la diversité. Par la discussion et l'échange, les êtres humains sont capables d'objectiver leurs différends et de les dépasser : c'est précisément la fonction de la démocratie que de rendre publiques les oppositions et de les résoudre par la délibération. Dans ce qui va suivre, nous nous attacherons à présenter et à peser les différents arguments, sur le fait de savoir si les droits et la démocratie suffisent à assurer le vivre-ensemble. Notre questionnement portera donc sur la nature du lien politique : qu'est-ce qui fait que des êtres humains parviennent à vivre ensemble ?

5° L'adoption du cosmopolitisme conduit à remettre en question l'idée de mœurs, de coutumes et de traditions qui seraient propres à une nation. À partir du moment où l'entité politique ne se définit que par rapport à l'universel, aucune culture ou religion ne peut être invoquée pour la caractériser : toute tentative de définition d'une identité nationale est vouée à l'échec. Toutes les pratiques, tant qu'elles ne portent pas atteinte à l'ordre public matériel, sont autorisées. Toutes les pratiques sont chez elles au sein de l'État cosmopolitique : la burqa est aussi française que la baguette. Nous retrouvons ici la diversité garantie par les droits de l'homme.

Le cosmopolitisme trouve l'un de ses moteurs dans le rejet des prétentions moralisantes, c'est-à-dire des discours de ceux qui veulent réglementer les pratiques des autres au nom de leur propre morale – nationale, religieuse ou républicaine. La loi interdisant le voile intégral dans l'espace public relève effectivement de ce type de discours : elle manifeste la volonté des républicains français de moraliser un comportement qu'ils estiment contraire à leurs valeurs, au mépris de la liberté de conscience de ces citoyennes musulmanes.

Ce faisant, la République française a manqué à un principe fondamental : l'impartialité du système juridique. Au sein de l'État cosmopolitique, ce dernier ne peut reposer que sur les droits de l'homme, potentiellement en conflit entre eux et qu'il appartient donc au législateur de concilier sous le contrôle du juge constitutionnel. En application de ce principe, les considérations morales qui ont été utilisées pour justifier l'interdiction du voile intégral n'ont rien à faire dans un raisonnement juridique. En effet, ce dernier consiste à mettre en balance les différentes libertés : les prétentions morales, parce qu'elles sont absolues, conduisent, non pas à réduire l'usage d'une liberté, mais à la supprimer entièrement. C'est ce qui s'est passé avec le voile intégral : au regard des valeurs de la République, ce vêtement n'a pas à être ; il a donc été purement et simplement interdit, sans aucune considération de proportionnalité.

Au regard de notre pratique actuelle du cosmopolitisme et à la lecture des promoteurs de cette entité politique, il apparaît cependant que la société cosmopolitique n'est pas purement amorale. L'État cosmopolitique continue à exiger une certaine vertu de ses membres. Cette vertu, c'est la tolérance. Il existe de très bonnes raisons à cela : la diversité des mœurs, des religions et des coutumes n'est compatible avec le vivre-ensemble que si chacun tolère la manifestation des différences. Tolérer signifie ici accepter, au nom de la liberté d'autrui, la manifestation de croyances et de pratiques que l'on peut réprouver. L'interdiction du voile intégral peut être vue comme un manquement à ce fondement moral du cosmopolitisme : le problème n'est pas le voile intégral, mais le fait que certains Français sont incapables de tolérer cette pratique religieuse, qui, si elle peut être gênante pour certains, ne remet en cause aucun principe constitutionnel.

Reconnaître la nécessité d'une moralité propre au cosmopolitisme pose cependant le problème de son effectivité : quels moyens employer pour s'assurer que les membres de l'État cosmopolitique sont effectivement tolérants ? En particulier, le législateur est-il légitimé à imposer la tolérance aux citoyens de cet État ? Nous retrouvons ici la question de la compatibilité entre droits de l'homme et vivre-ensemble : il est possible que le fait d'imposer la tolérance par la loi, indispensable à un vivre-ensemble pacifié, soit contraire aux droits de l'homme. Pour affiner cette intuition, nous proposons à nos lecteurs un autre cas juridique : celui de la pénalisation des propos homophobes. Sur ce thème, de récentes et intéressantes décisions de justice, en France, en Europe et aux États-Unis, mettent en lumière une tension réelle entre vivre-ensemble et liberté d'expression.

La question qui se pose aux juges est simple : la liberté d'expression, essentielle au bon fonctionnement de la démocratie, protège-t-elle l'homophobie ? Plus précisément, les lois approuvées par de nombreux pays européens pour punir pénalement les auteurs de propos homophobes sont-elles conformes aux Constitutions et traités internationaux qui garantissent les droits de l'homme ? Les discordances entre juges montrent que la réponse à ces questions est loin d'être évidente. Cette hésitation des juges est aisément compréhensible et rejoint les questions fondamentales auxquelles a donné lieu la pénalisation de l'antisémitisme et du racisme : une démocratie, pour survivre, doit-elle interdire à certaines opinions de s'exprimer ?

Au-delà des questions de principe, l'enjeu est aussi sociologique. S'engager, comme le font les États-Unis d'Amérique, en faveur d'une liberté totale des propos, pourrait bien conduire à une société parfaitement invivable. Si tous les intolérants peuvent user à loisir de leur liberté d'expression, il est à craindre que le débat public ne se transforme en un pugilat permanent. L'intolérance régnerait en maître. La compatibilité entre les droits de l'homme et le maintien d'une civilité minimale apparaît dès lors douteuse.

Symétriquement, les lois réprimant les propos homophobes constituent des tentatives d'instauration d'une civilité obligatoire au mépris possible des droits de l'homme. De l'intolérance généralisée, on passe à la tolérance obligatoire. Ce qui pose problème ici, c'est le respect par les partisans de l'État cosmopolitique de leurs propres principes. À partir du moment où une communauté politique refuse de s'adosser à une conception déterminée de la vie bonne, alors elle ne doit pas imposer la tolérance aux intolérants. En imposant la tolérance aux intolérants, le système juridique pourrait prendre parti et rompre avec le principe d'impartialité qui le constitue.

La tendance européenne à restreindre le champ du langage moralement légitime nous renvoie à notre interrogation sur le fait de savoir si les droits de l'homme suffisent à assurer le vivre-ensemble. Il apparaît que le passage de l'État-nation à l'État cosmopolitique n'a pas conduit à faire disparaître toute idée de morale commune, mais a simplement modifié le contenu de la morale. De l'ancienne morale républicaine et nationale, on est passé à la tolérance cosmopolitique. Le fait qu'une morale demeure nécessaire, et soit imposée par le législateur, laisse à penser qu'il y a bien une incomplétude des droits de l'homme et de la démocratie : ces derniers pourraient ne pas suffire à assurer le vivre-ensemble.

Voilà les questions que nous voulons soumettre à l'intelligence du lecteur.

1
Sas de décompression

Nous proposons au lecteur un bref mais nécessaire sas de décompression. Avant de présenter et de discuter les arguments qui ont été échangés sur la nécessité d'interdire le voile intégral, il nous semble opportun de permettre à chacun – l'auteur y compris – de mettre à distance ses opinions sur la question de l'islam en France.

En effet, cette religion occupe aujourd'hui une place significative dans le débat public français. L'islam et les musulmans constituent maintenant un sujet récurrent dans le champ politique et médiatique : de nombreux titres de journaux leur consacrent leurs unes ; les étalages de nos librairies se couvrent d'essais traitant de la question de l'intégration tandis que les hommes politiques sont de plus en plus fréquemment amenés à prendre position sur la « préservation du vivre-ensemble » ou la « défense de la laïcité ». Dans ce contexte, il est utile de prendre du recul, afin que notre réflexion ne soit pas dominée par les passions du moment. Nous commencerons donc par brosser le tableau des différentes positions en présence, afin déjà d'y voir plus clair et d'identifier dès à présent les principaux points litigieux.

De manière très grossière, deux camps sont actuellement aux prises en France.

1° Le premier diagnostique quelque chose comme un «problème musulman». Au sein de ce parti, les positions varient avec la façon de délimiter ce problème.

Pour certains, s'il existe effectivement, il ne concerne que les islamistes : l'immense majorité des citoyens français de confession musulmane pratique sa religion de manière pacifique et dans le respect des lois de la République ; seule une minorité agissante, profitant du désarroi social, remet en cause notre «pacte républicain», selon l'expression consacrée.

Pour d'autres, le problème est plus large puisqu'il concerne une part significative des Français musulmans. Le magazine hebdomadaire *Le Point*, classé à droite, a exprimé ce sentiment de manière très claire dans sa une du 31 octobre 2012 titrée : «Cet islam sans gêne» et illustrée par une femme portant un voile intégral. Selon cette opinion, un nombre significatif de citoyens français de confession musulmane remettent en question les principes du vivre-ensemble à la française, en portant de manière ostensible des signes religieux (voile, barbe) et en exigeant des modifications des règles applicables dans les services publics (possibilité de manger de la nourriture halal à la cantine scolaire ou demande d'horaires non mixtes dans les piscines). Il s'agirait ici d'une sorte de sécession volontaire : les Français de confession musulmane refuseraient de se prêter au jeu de l'assimilation pour conserver leur mode de vie au prix d'une fermeture communautaire.

Selon la troisième et dernière version du «problème musulman», la difficulté réside en réalité dans l'islam. Pour dire les choses directement, cette religion serait radicalement incompatible avec la démocratie, la liberté de conscience et les droits de la femme. Parce que fondée sur des textes datant du VIIe siècle, non susceptibles d'interprétation et reproduisant une vision patriarcale et autoritaire de la société, la religion musulmane serait inconciliable avec les principes de nos sociétés modernes. La situation actuelle est donc celle du loup dans la bergerie.

2° Le second camp soutient qu'il existe, non pas un « problème musulman », mais un problème d'« islamophobie » : un nombre croissant de Français jugeraient que leurs compatriotes de confession musulmane sont des étrangers qui n'ont pas leur place sur le territoire national et/ou des personnes qui menacent leurs principes démocratiques et leur cadre de vie. De ces conceptions découlent un nombre important d'actes de discrimination, c'est-à-dire de rejets de la personne avec qui on s'apprêtait à interagir, sur la base de son appartenance réelle ou supposée à la confession musulmane. L'islamophobie s'apparente à une représentation mentale qui, sur le modèle du racisme et de l'antisémitisme, conduit à considérer l'autre comme quelqu'un d'intrinsèquement différent, avec qui il n'est pas de communication possible. De cette impossibilité résulte une peur et, partant, de l'agressivité.

L'islamophobie est un processus d'altérisation – le musulman est considéré comme un étranger menaçant – et un processus d'essentialisation – les musulmans, malgré l'hétérogénéité manifeste de leurs origines, situations sociales et pratiques religieuses, sont considérés comme formant un groupe unifié, conscient de lui-même et disposant d'un agenda politique, dont l'appartenance à l'islam suffit à assurer la cohésion.

Enfin, l'islamophobie ne doit pas être décrite en termes psychologiques – il s'agirait alors d'une sorte de paranoïa largement répandue – mais sociaux : elle est la conséquence d'une série de discours largement diffusés dans la société et qui bénéficient du soutien de nombreuses autorités.

Cette courte présentation ne nous semble pas porter préjudice aux thèses qu'elle expose. Elle nous donne en outre l'occasion de faire un commentaire sur la structure actuelle du rapport de forces. De manière intéressante, il apparaît que chaque camp mobilise l'argument de la faiblesse, l'autre camp étant toujours dénoncé comme hégémonique. Ainsi, les partisans du « problème musulman » critiquent systématiquement le « politiquement correct » et le parti pris des élites en faveur des minorités, qui empêcheraient de parler des problèmes posés par l'émergence de l'islam. Au contraire, les critiques de l'islamophobie dénoncent la responsabilité des élites et des médias dans sa diffusion au sein de la société française. Au-delà de l'avantage rhétorique, cette prise de position « victimisante » de chaque camp résulte de la conjugaison de leurs deux points fondamentaux de désaccord : la spontanéité et la légitimité des critiques adressées à la religion musulmane. Dans ce qui va suivre, nous proposons au lecteur de cerner les contours de ces deux points de contentieux.

Spontanéité populaire ou construction élitaire

Commençons par la spontanéité. La question porte sur le fait de savoir si l'intérêt des hommes politiques et des médias pour l'islam est la traduction de problèmes rencontrés réellement « sur le terrain » ou la révélation de leur islamophobie. Les partisans de la thèse d'un « problème musulman » ont pour eux la force de l'évidence : si un sujet occupe régulièrement les feux de l'actualité politique et médiatique, c'est tout simplement parce qu'il existe. Les hommes politiques et les médias ne font que traiter les problèmes qui préoccupent les Français, à savoir la dangerosité de l'islamisme et la gêne ressentie face à une religion nouvelle et extravertie. Certains estiment même que le sujet de l'islam n'est pas suffisamment traité : la chape de plomb du «politiquement correct» empêcherait de parler du vrai sujet, à savoir l'islamisation de la France.

Face à cette logique de l'évidence, les partisans de la thèse de l'islamophobie ont nécessairement recours à des arguments beaucoup plus évolués. En 2013, deux sociologues, Abdellali Hajjat et Marwan Mohammed, ont publié un ouvrage important sur ce point, intitulé *Islamophobie, comment les élites françaises fabriquent le «problème musulman»*. Les auteurs entendent montrer que le débat public sur l'islam n'est pas né spontanément du fait des difficultés concrètes posées par l'émergence de cette religion en France, mais qu'il résulte de sa mise à l'index par les élites françaises.

Ce processus de déconstruction emprunte nécessairement à l'histoire. En effet, il est souvent rappelé que l'émergence de l'islam en tant que sujet de débat public date de 1989, lorsque trois jeunes filles de Creil, dans l'Oise, ont souhaité aller en cours en portant leur foulard, ou hijab. La question portait alors sur le fait de savoir si le principe de laïcité autorisait le proviseur du collège à leur interdire l'accès aux cours. En apparence, la spontanéité paraît ici préservée : le débat public s'est emparé d'un problème réel et important – la préservation de la neutralité de l'espace scolaire – à l'occasion d'une difficulté concrète qui a émergé «sur le terrain».

Abdellali Hajjat et Marwan Mohammed contestent cette présentation des faits. Ils s'attachent à montrer qu'une partie des élites françaises, politiques, économiques et administratives, avaient préalablement développé une conception négative de l'islam, qui les a ensuite amenées à interpréter les manifestations de cette religion comme une remise en question du consensus républicain et laïc. Les auteurs utilisent à l'appui de cette thèse les travaux de la Commission sur la réforme de la nationalité française, dirigée par Marceau Long en 1987. Cette commission avait été constituée à l'initiative du gouvernement de Jacques Chirac qui, dans un contexte marqué par l'émergence du Front national, avait voulu recueillir l'avis d'experts administratifs sur le sujet.

En analysant le rapport et les auditions menées par cette commission, les sociologues Abdellali Hajjat et Marwan Mohammed mettent en évidence le fait que ce moment de réflexion administrative a participé à la diffusion d'une vision négative et essentialiste de l'islam. Celui-ci est dès 1987 critiqué comme étant une religion incapable de faire la distinction entre le public et le privé et par conséquent en conflit potentiel avec l'ordre laïc et démocratique. À l'appui de leur thèse, les sociologues citent le rapport final de la commission Long, selon lequel l'islam « peut être en contradiction avec les mœurs, l'ordre juridique interne, voire les valeurs d'une société non musulmane[1] ». La commission de 1987 aurait ainsi contribué à l'établissement d'un consensus islamophobe au sein des élites administratives et politiques françaises.

1. *Islamophobie, comment les élites fabriquent le « problème musulman »*, Abdellali HAJJAT et Marwan MOHAMMED, La Découverte, 2013, p. 112.

Pour les sociologues, « cette communauté d'interprétation de l'islam qui émerge lors de la Commission sur la nationalité constitue une étape importante de la construction du "problème musulman"[1] ». Ce fait historique prouve qu'il existait au sein d'une partie des élites françaises un consensus sur la spécificité de l'islam, tenant à sa difficile conciliation avec une société non musulmane, et ce *avant* l'émergence des faits concrets – l'anecdote des jeunes filles de Creil – qui ont conduit à parler de cette religion. Selon Abdellali Hajjat et Marwan Mohammed, il faut inverser la causalité : c'est parce que certaines élites françaises avaient au préalable une image négative et erronée de l'islam qu'elles vont considérer le port du hijab par quelques jeunes filles de manière très critique, alors que cette manifestation de signes religieux aurait pu être traitée de manière plus conciliatrice et sans déclencher un débat national qui dure encore.

Dans la suite de leur ouvrage, les deux sociologues s'attachent à montrer comment les médias et les hommes politiques, dans une logique de concurrence pour attirer les lecteurs et les électeurs, ont participé à la propagation de cette conception négative de la religion musulmane. Le principal médium de cette diffusion verticale de l'islamophobie – des élites vers le reste de la population – tient à l'exploitation des faits divers. Les médias et la classe politique ne se penchent sur la vie des citoyens français de confession musulmane qu'au travers de faits anecdotiques, qui sont soit peu représentatifs de leurs réelles conditions de vie soit contraires à la plus élémentaire réalité. Depuis l'épisode des jeunes filles de Creil en 1989, l'islamophobie se diffuse, se massifie et se renforce par capillarité, au fil des polémiques

1. *Ibid.*

portant sur des pratiques minoritaires et montées en épingle. L'arbre en vient à cacher la forêt : les pratiques extrêmes de quelques-uns dissimulent l'aspiration à l'indifférence des Français musulmans et empêchent de parler des discriminations dont ils sont les victimes.

Au sein même des élites, les sociologues montrent comment l'activisme d'acteurs mobilisés – par exemple au sein du Haut Conseil à l'intégration – a permis de légitimer l'idée selon laquelle le voile islamique était effectivement un problème, ce qui explique le consensus dont bénéficie aujourd'hui la loi de 2004 qui a interdit le voile à l'école, alors que cette position était loin d'être majoritaire en 1989. Cette mobilisation est toujours d'actualité, comme le montre la proposition, publiée au cours de l'été 2013 par ce même Haut Conseil à l'intégration, d'interdire le voile islamique à l'université.

La séquence de la burqa illustre avec efficacité la thèse selon laquelle le débat public français est actuellement dominé par une passion malsaine pour l'islam, au sens où tout ce qui touche à cette religion et à ses fidèles est susceptible d'obtenir une notoriété immédiate et nationale. Le plus saisissant est que ce débat a captivé de nombreux Français, alors même que l'immense majorité d'entre eux n'a jamais croisé de femme portant ce vêtement : on ne peut dire qu'il y avait là un important problème social, dont se seraient saisis les hommes politiques, dans la mesure où le port de la burqa concernait un très faible nombre de croyantes. Très peu de Français avaient rencontré un voile intégral sur le territoire national avant d'en entendre parler dans les médias. La seule explication rationnelle à cette passion subite pour la burqa est qu'il existe une sensibilité particulière à l'islam : toute information relative à cette religion est susceptible de générer une polémique nationale.

Le processus d'émergence du thème du voile intégral sur la place publique confirme par ailleurs l'analyse des deux sociologues : ce sont les élites politiques et médiatiques qui fixent l'agenda de la délibération collective. En effet, le voile intégral est subitement entré sur le devant de la scène grâce à l'action d'un député, André Gerin, qui est parvenu à réunir une mission d'information parlementaire sur le sujet[1]. Loin d'être un problème massif qui affecte de nombreux Français, la burqa pourrait bien plutôt être le révélateur de l'obsession

1. Nous profitons de cet argument pour retracer succinctement la genèse publique de la burqa.

La séquence est principalement parlementaire, ce qui est rare en France. Le voile intégral devient un sujet de débat à l'initiative d'André Gerin, député de la quatorzième circonscription du département du Rhône et ancien maire de Vénissieux, membre du parti communiste en rupture de ban. Il rassemble soixante députés, pour la plupart membres de l'UMP, et dépose le 9 juin 2009 une proposition de résolution tendant à la création d'une Mission d'information sur la pratique du port de la burqa ou du niqab sur le territoire national. Les premières constatations ont mis en évidence que le vêtement en question n'était pas une burqa, portée uniquement en Afghanistan, mais un niqab : en conséquence, le nom de la mission a été transformé en Mission d'information sur la pratique du port du voile intégral sur le territoire national. Cette mission d'information rend son rapport le 26 janvier 2010 après une série d'auditions de personnalités; elle ne parvient cependant pas à un consensus sur la nécessité d'une loi d'interdiction générale.

Trois jours plus tard, le Premier ministre François Fillon demande au Conseil d'État, juge administratif suprême et conseiller juridique du gouvernement, une étude sur les solutions juridiques permettant de parvenir à une interdiction du port du voile intégral, rendue le 25 mars 2010. Le 11 mai, l'Assemblée nationale vote une résolution, c'est-à-dire un texte purement déclaratif, sur l'« attachement au respect des valeurs républicaines face au développement de pratiques radicales qui y portent atteinte ». Le 19 mai, le gouvernement dépose un projet de loi visant à interdire la dissimulation du visage dans l'espace public. La loi est publiée au *Journal officiel* le 12 octobre 2010 après lecture unique de l'Assemblée nationale et du Sénat et examen du Conseil constitutionnel.

islamophobe d'une partie significative des élites françaises, que relaient avec complaisance les médias.

Pour beaucoup, cette thèse peut paraître farfelue : si l'on parle autant de l'islam, c'est bien qu'il se passe quelque chose. Il existe aujourd'hui un certain nombre de pratiques religieuses – port du voile, refus des hommes de serrer la main des femmes, etc. – et de changements démographiques à propos desquels il est légitime de s'interroger. En outre, on ne peut rejeter exclusivement la responsabilité des tensions actuelles sur la partie majoritaire de la population : il doit aussi être possible de questionner les comportements des citoyens français musulmans et de leur attribuer une part de responsabilité dans leurs propres malheurs. *Après tout, en font-ils assez pour s'intégrer?*

C'est ici qu'il est utile d'établir un parallèle avec l'antisémitisme. Il ne s'agit pas de dire que la situation actuelle est comparable, en termes de violences physiques et de menaces politiques, à celle qui pouvait prévaloir en France dans les années 1930. La persécution des juifs d'Europe recèle cependant une leçon qu'il convient de garder à l'esprit dans cette discussion sur l'islamophobie : les victimes de l'histoire peuvent être intégralement innocentes. L'antisémitisme du XXe siècle a révélé que la partie majoritaire d'une population était capable de se retourner, sans aucune raison, contre une minorité. Il ne faut pas sous-estimer la capacité des discours politiques à façonner les perceptions des citoyens et à nourrir un processus d'exclusion, au terme duquel l'autre devient une figure mythique et menaçante, contre laquelle doit être trouvée une sinistre «solution finale».

Le problème de la légitimité

Pour être pleinement convaincante, la thèse de la construction sociale de l'islamophobie doit néanmoins considérer la question de la légitimité comme réglée. En première approximation, cette question peut être formulée de la manière suivante : l'honnête homme est-il légitimé à désapprouver et à s'inquiéter de certaines pratiques des fidèles musulmans, ou tout jugement négatif visant cette religion relève-t-il nécessairement de l'islamophobie ? Il s'agit ici de déterminer la légitimité de la critique de la religion musulmane, c'est-à-dire de délimiter la frontière entre ce qui relève du domaine de la raison et ce qui ressortit à la passion xénophobe. Nous retrouvons ici l'argument le plus fréquemment employé contre le concept d'islamophobie : ce nouveau terme ne serait-il pas avant tout un instrument de censure ? Ne serait-il pas utilisé, par des personnes plus ou moins bien intentionnées, pour couper court à toute délibération sur la dérive de certains musulmans européens vers le communautarisme et sur les risques que fait courir l'islam politique à nos régimes démocratiques ?

Les sociologues qui analysent notre réalité sociale sous l'angle de l'islamophobie ont une réponse à cet argument de la censure, qui repose sur la différence de nature entre islamophobie et critique anticléricale de la religion. En effet, la dénonciation des commandements et des pratiques issus des religions demeure bien entendu légitime à leurs yeux parce qu'elle relève de l'application de la raison critique aux textes, aux discours et aux pratiques. Cette critique, pour être valable, doit cependant être pleinement consciente de l'historicité et de la diversité interne des religions : il n'existe pas quelque chose comme une essence de l'islam, mais seulement des discours et des pratiques variables dans le temps qui se revendiquent de l'islam.

Par contraste, l'islamophobie relève d'un tout autre processus qu'une critique rationnelle et informée des textes, des discours et des pratiques. Il s'agit en effet d'une représentation qui conduit à considérer toute personne qui porte un signe pouvant conduire à la rattacher – à tort[1] ou à raison – à la religion musulmane comme étant intégralement déterminée par cette appartenance. Une fois la connexion entre la personne pouvant être identifiée comme musulmane et la figure mythique du « musulman » établie, la longue liste des préjugés peut se déployer. Le musulman peut être suspecté, s'il souhaite manger de la viande halal par exemple, de vouloir s'exclure de la communauté nationale et de flirter avec l'intégrisme. De même, la femme qui porte le voile n'est-elle pas nécessairement soumise à son mari ? Là réside le cœur de l'islamophobie : dans l'association immédiate entre le constat ou la supposition de l'appartenance à la confession musulmane et un ensemble de clichés conduisant à transformer le sujet en un étranger par la magie d'un seul regard et des représentations mentales qui lui sont associées. Dans leur ouvrage, Abdellali Hajjat et Marwan Mohammed font un lien entre islamophobie et antisémitisme en retraçant la liste des clichés et préjugés associés aux figures mythiques du « juif » ou du « musulman » : « En résumé, les discours antisémites et islamophobes ont plusieurs

1. Ainsi, en commentant en 2012 les meurtres commis par Mohammed Merah, le président de la République Nicolas Sarkozy a parlé de « musulman d'apparence » à propos d'un des militaires abattus alors qu'il s'agissait d'un chrétien.

points communs : l'essentialisation, la déshumanisation, l'interprétation abusive des impératifs religieux, les théories conspirationnistes, le fantasme de l'islamisation/judaïsation, l'idée d'une communauté parallèle, d'"État dans l'État", de menaces intérieure et extérieure, l'appartenance religieuse comme identification totale explicative du comportement individuel, etc.[1].»

Enfin, pour les promoteurs du concept d'islamophobie, ce dernier renvoie en dernière analyse à une obsession politique. Ce que traduit la peur du «musulman», c'est le rejet de la présence de populations musulmanes au sein des nations européennes. Et cette peur grandit d'autant plus que ces personnes ne se résignent plus à occuper des positions subalternes dans la société, mais revendiquent le plein usage de leurs droits et la pleine égalité des chances vis-à-vis des autres membres de la société, sans accepter de renoncer à leur identité. Ainsi, pour Abdellali Hajjat et Marwan Mohammed, toujours dans une logique de comparaison entre les différentes formes de racisme : «Telle est la grande différence entre la critique anticléricale de la religion et le discours antisémite ou islamophobe : alors que, pour la première, l'enjeu est la lutte contre les institutions et les dogmes religieux, pour les seconds, l'enjeu est la légitimité de la présence des juifs et des musulmans sur un territoire[2].» L'islamophobie n'est donc qu'une forme nouvelle de xénophobie – un pur rejet de l'autre sur le fondement de son appartenance réelle ou supposée à une religion et qui fait l'objet d'une pseudo-rationalisation, sur la base de faits d'actualité non représentatifs des pratiques de l'immense

1. *Islamophobie…, op. cit.*, p. 183.
2. *Islamophobie…, op. cit.*, p. 195.

majorité des musulmans, comme le terrorisme, ou de généralisation abusive, comme la prétendue incompatibilité entre islam et démocratie.

Nous sommes ici au cœur du problème que pose le concept d'islamophobie. Si l'islamophobie est avant tout un phénomène politique, qui tient à l'acceptation ou non de la présence de l'autre, alors la question de la légitimité se déplace et devient autrement plus sensible et épineuse à régler. Il ne s'agit plus de savoir s'il est légitime de critiquer certaines pratiques religieuses, mais de savoir s'il peut être considéré comme légitime, dans une démocratie respectueuse des droits de l'homme, de rejeter l'autre en raison de sa pratique religieuse. La question fondamentale est celle de la légitimité d'une décision démocratique qui viserait explicitement à rejeter certaines pratiques religieuses, comme contraires aux valeurs et aux principes qui fondent le vivre-ensemble de l'entité politique considérée. On le comprend immédiatement, c'est pour explorer cette question que nous allons nous pencher sur le voile intégral : si l'on peut sans difficulté reconnaître l'existence de quelque chose qui serait de l'ordre de l'islamophobie, la société française doit-elle pour autant être ouverte à toutes les pratiques issues de la religion musulmane ou certaines d'entre elles peuvent-elles être légitimement repoussées ? L'acceptation d'autrui doit-elle aller jusqu'au voile intégral ?

Pour saisir l'importance de ce moment de la réflexion, il nous apparaît utile de faire une rapide comparaison entre le foulard islamique, qui ne couvre pas le visage, et le voile intégral. En effet, dans leur ouvrage sur l'islamophobie, Abdellali Hajjat et Marwan Mohammed montrent que les femmes qui portent le voile sont les premières victimes des gestes de rejet dont souffrent les citoyens français de confession musulmane. Pour les deux sociologues, cette désapprobation est typique de l'islamophobie : parce qu'elles portent le voile, ces femmes sont considérées comme soumises à leur mari ou adeptes d'une version radicale de la religion, ce qui suscite des sentiments de rejet, voire de violence. Or, d'après les auteurs, de nombreux travaux de sociologie ont montré l'innocuité du voile : celles qui le portent le font pour des motifs uniquement religieux et sans intention agressive. Le problème n'est donc pas dans le voile, mais dans ceux qui s'en soucient.

De manière très intéressante, la conclusion de leur ouvrage s'achève par une comparaison entre la kippa, le hijab, la grande croix et la barbe fournie, au travers de la phrase suivante : « Ces faits sociaux ne doivent pas être mécaniquement envisagés comme des "problèmes" : dans la plupart des cas, ils ne sont que des manifestations somme toute assez banales de la pluralité culturelle et confessionnelle dans une société démocratique[1]. » Le voile islamique devrait donc constituer, selon eux, une pratique banale à laquelle chacun se devrait d'être indifférent. Il n'y a rien à y voir d'autre qu'un vêtement religieux parfaitement innocent.

Cette réflexion se prolonge par la remarque suivante : « L'ampleur du "problème musulman" est avant tout affaire de perception : plus la perception de l'Autre sera hostile et restrictive, plus le "problème musulman" paraîtra grand. » Abdellali Hajjat et Marwan Mohammed appellent donc à une transformation du regard sur les musulmans : ceux qui se formalisent des signes religieux ostensibles ou de la nourriture halal sont invités à convertir leur perception de l'autre, et à ne plus voir que du banal là où ils voient une

1. *Islamophobie…*, *op. cit.*, p. 263.

volonté agressive de se démarquer et de s'isoler du reste de la société. Leur objectif, en tant que sociologues, est d'inverser le sens que la société accorde à certaines pratiques. Ce qui est construit peut être déconstruit, mais aussi reconstruit. Dans ce contexte, le voile intégral est intéressant en tant que cas limite : doit-il, lui aussi, être considéré comme un vêtement banal auquel il conviendrait d'être indifférent ou peut-on légitimement le considérer comme problématique ? Son interdiction traduit-elle l'islamophobie de la classe politique française ou peut-elle être considérée comme légitime, une démocratie étant dans son droit lorsqu'elle rejette certaines pratiques si elles sont contraires à ses valeurs ? Voilà les questions que nous allons maintenant aborder.

2
République, que dit-on en ton nom ?

Le débat sur le voile intégral a donné lieu à une longue et fastidieuse explication de texte républicaine. Laïcité, liberté, égalité, fraternité, émancipation, universalisme… tous les termes du lexique républicain ont été utilisés pour dénoncer cette pratique. Votée le 11 mai 2010 par l'Assemblée nationale, *la résolution*[1] *sur l'attachement au respect des valeurs républicaines face au développement de pratiques radicales qui y portent atteinte* traduit une forte conviction : la burqa n'est pas compatible avec la République. Selon ses termes, « l'Assemblée nationale considère que les pratiques radicales attentatoires à la dignité et à l'égalité entre les hommes et les femmes, parmi lesquelles le port d'un voile intégral, sont contraires aux valeurs de la République ». Au-delà de ces propos généraux, cette séquence républicaine est particulièrement instructive à deux titres.

Elle montre d'abord qu'il existe un véritable conflit entre hommes politiques et juristes sur le sens à donner aux principes républicains, comme la laïcité, la dignité de l'être

1. Une résolution est un texte d'intention non contraignant que le Parlement peut adopter depuis la révision constitutionnelle du 23 juillet 2008.

humain ou l'égalité entre les hommes et les femmes. Les juristes entendent ces principes dans un sens beaucoup plus restrictif que les représentants de la nation et considèrent que, en l'état du droit, ils ne peuvent justifier l'interdiction générale d'un signe religieux sur la voie publique. Ce conflit d'interprétation est important dans la mesure où les juges ont acquis un pouvoir grandissant au sein de la République avec leur capacité à déclarer une loi non conforme à la Constitution, aux traités internationaux ou au droit de l'Union européenne.

L'origine de cet hiatus importe encore plus. La séquence de la burqa confirme, s'il en était besoin, qu'il existe une tradition politique républicaine, propre à la France et distincte de la tradition libérale, qui repose sur une vision particulière de la liberté. Dans ce débat, les juristes incarnent la position libérale : le port du voile intégral ne peut être considéré par le droit que comme un simple usage de la liberté de conscience. La liberté des républicains se distingue par sa densité : la femme qui porte un tel vêtement ne peut être considérée comme pleinement libre et il appartient à la République d'œuvrer à son émancipation, y compris par la contrainte.

De la laïcité

Les députés ont d'abord fait référence au principe de la laïcité pour dénoncer le port du voile intégral. L'exposé des motifs de la demande de formation d'une mission parlementaire déposée le 9 juin 2009 se réfère à la loi de 2004 qui a interdit les signes religieux dans les établissements scolaires[1], alors que le contexte juridique est radicalement différent. En effet, il ne s'agit plus ici du service public de l'éducation (écoles primaires, collèges et lycées) mais des voies publiques.

Ce qui frappe à la lecture de cet exposé des motifs, c'est le pouvoir et les effets que les députés prêtent au principe de laïcité. Il ne s'agit pas seulement d'un principe juridique qui garantit la liberté de conscience et la neutralité des institutions publiques : il lui est prêté au surplus des effets sociologiques majeurs. Ainsi, « la laïcité est le vecteur de l'intégration de tous dans la société. Elle crée l'équilibre entre la reconnaissance du droit à une identité propre, le respect des convictions individuelles et le lien social ». Plus loin, « quand la laïcité est menacée, la société française l'est dans son unité ».

Au cours des auditions de la mission d'information parlementaire, ce principe a souvent été présenté de manière très extensive. Comme d'autres, Jean-Michel Balling, membre de la Grande Loge de France, déclare : « C'est la laïcité qui permet à chacun de vivre librement sa croyance ou sa non-croyance – lesquelles relèvent de l'espace privé – sans que les convictions religieuses interfèrent jamais dans le domaine public. [...] L'un des devoirs de l'homme, dans une société laïque, consiste à ne pas objectiver son appartenance religieuse. » Cette distinction entre espace privé et espace public revient très régulièrement dans les discussions sur la laïcité : elle laisse à penser que la religion ne peut s'exprimer que dans l'espace strictement privé – le domicile – ou dans les

1. Loi encadrant, en application du principe de laïcité, le port de signes ou de tenues manifestant une appartenance religieuse dans les écoles, collèges et lycées publics.

lieux de culte, mais pas dans les rues. Le seul problème est que cette distinction est fausse.

Comme l'ont défendu tous les juristes invités par la mission parlementaire, le principe de laïcité ne peut être invoqué pour restreindre la libre expression de l'appartenance religieuse dans les rues. Le professeur de droit Bertrand Mathieu l'explique ainsi : «Le principe de laïcité est inopérant pour réglementer cette pratique car, en droit français, il ne peut pas conduire à interdire de manière générale la manifestation publique d'opinions religieuses dans la sphère sociale. Ce sont, en effet, l'État, les pouvoirs publics et les services publics qui sont soumis au principe de laïcité, non les individus, le corps social et l'espace public.» Il n'existe pas de «devoir de laïcité» pour les citoyens français : ces derniers sont libres de manifester leur appartenance religieuse dans l'espace public. Ce sont les institutions de la République qui sont laïques, et soumises à l'obligation de neutralité, et non les rues et l'espace public. Autrement, il faudrait interdire la burqa, mais aussi la kippa et tous les types de voiles.

Ainsi, l'interdiction de porter des signes religieux ne vaut que pour les agents publics : agissant en tant que représentants de l'État, des collectivités territoriales ou des administrations de sécurité sociale, ils doivent respecter le principe de neutralité en ne manifestant pas leur religion. Pour de nombreux juristes, l'interdiction des signes religieux dans les collèges et lycées, en 2004, constituait d'ailleurs déjà une brèche inquiétante dans cette définition de la laïcité. En effet, pour la première fois, ce sont les usagers d'un service public – en l'occurrence les élèves – qui ont été obligés de respecter la neutralité qui ne s'impose normalement qu'aux personnes publiques et à leurs agents.

Au-delà de ces explications techniques, il importe de mieux cerner les causes de cette mésentente sur le champ d'application du principe de laïcité. Il nous semble que le cœur du problème réside dans l'extension que l'on peut donner à l'adjectif « public ». Pour les juristes, le terme « public » renvoie avant tout à certaines personnes morales, comme l'État ou les collectivités territoriales, et à l'espace constitué par les institutions politiques comme l'Assemblée nationale. Tout le reste relève du privé, y compris l'espace social où prennent place les relations interpersonnelles. Bertrand Louvel[1], président de chambre et directeur du service de documentation et d'études à la Cour de cassation, estime ainsi qu'une « personne est dans sa vie privée quand elle se promène dans la rue et ne demande rien à personne, quand elle s'arrête sur un banc public, quand elle achète son pain ou quand elle entre dans un bar ».

Pour les hommes politiques, le « public » renvoie à l'espace commun des rues. C'est sur cette zone incomparablement plus étendue que porte l'obligation de discrétion des signes religieux. Le rapport final de la mission parlementaire indique, par exemple, que « la République respecte bien toutes les croyances mais, en contrepartie, les citoyens doivent aussi respecter un devoir de discrétion dans l'extériorisation de leurs convictions religieuses. Il convient donc de trouver un équilibre entre, d'une part, la liberté de conscience et d'expression des convictions religieuses et, d'autre part, la liberté d'autrui et le respect de la neutralité dans la sphère publique ». Il est difficile de porter des appréciations plus différentes. Pour les politiques, la sphère publique comprend toutes les rues ; pour les juristes,

1. Compte rendu n° 17, séance du mercredi 9 décembre 2009.

l'individu est toujours dans sa sphère privée lorsqu'il entre dans un bar...

Il y a en réalité confusion entre le principe juridique de laïcité, qui est libéral au sens où il permet à chacun de vivre et d'exprimer sur la place publique son appartenance religieuse, et le fait social qui en découle. Il nous semble clair que le principe de laïcité, tel qu'il est utilisé couramment dans le débat public, ne renvoie pas à sa réalité juridique mais à la norme sociale, implicite mais très forte au sein de la société française, selon laquelle la religion relève de la sphère strictement personnelle et ne doit pas faire l'objet d'une visibilité trop importante. Comme l'a exprimé Patrick Gaubert[1], président de la Ligue internationale contre le racisme et l'antisémitisme (Licra) et du Haut Conseil à l'intégration, « dans certains quartiers de Paris, Lille, Lyon, Marseille ou ailleurs, les burqas ou les tenues salafistes modifient le paysage urbain et entrent en contradiction avec un choix fait de longue date par les citoyens français : celui de ne pas afficher trop ostensiblement ses différences dans l'espace public ».

Mais d'où provient ce fait social? Peut-être s'agit-il de la réponse spontanée d'une société largement sécularisée à l'émergence de nouveaux signes religieux, plus visibles, comme le voile. Il pourrait aussi être la conséquence sociologique d'une idéologie politique propre à la France, que l'on qualifie généralement de « laïcisme » et qui se caractérise par une intolérance générale à la visibilité des religions.

Faire la généalogie historique de ce laïcisme est hors de notre portée. Il importe simplement de rappeler que l'établissement de la laïcité – c'est-à-dire le rejet par l'État de

1. Compte rendu n° 13, séance du mercredi 18 novembre 2009.

toute autorité religieuse et la fin des privilèges accordés aux cultes, consacrés par la loi de 1905 – est le fruit d'une lutte amorcée à la Révolution contre l'Église catholique, qui a donné lieu à des dérives importantes – c'est-à-dire à des restrictions significatives de la liberté de conscience et de culte. On peut, par exemple, penser aux campagnes de « défanatisation » lancées par certains révolutionnaires en 1793 et qui ont été marquées par des profanations et des dégradations de lieux de culte. Ces « dérapages » ne constituent pas l'essence de l'idée républicaine, mais ils font partie de l'héritage peu libéral d'un certain nombre de républicains. Une des spécificités du républicanisme français réside dans son attitude à l'égard des religions, parfois considérées non comme la manifestation normale de la liberté de conscience mais comme des organisations, si ce n'est dangereuses pour la République, tout au moins suspectes de froideur à l'égard de son idéal émancipateur.

Pour ce qui concerne notre sujet, il est piquant de noter que les révolutionnaires ont eux aussi tenté d'interdire les vêtements religieux dans l'espace public. Dans un article consacré aux précédents historiques de la loi interdisant le voile intégral, le professeur d'histoire du droit François Saint-Bonnet[1] rappelle que l'Assemblée législative a envisagé en 1792 l'interdiction générale et absolue du costume religieux dans l'espace public.

Le fait le plus intéressant est que les arguments n'ont pas changé en deux siècles. Le premier consiste à dire qu'il faut libérer les individus de la religion, même contre leur volonté.

1. Francois SAINT-BONNET, « La citoyenneté, fondement démocratique pour la loi anti-burqa : réflexions sur la mort au monde et l'incarcération volontaire », revue en ligne *Jus Politicum*, n° 7.

Le révolutionnaire Torné, dans son discours du 6 avril, proclamait : « Ne laissons pas exister, au sein d'une nation libre, des monuments d'esclavage, même volontaire. » Nous reviendrons, au moment de la discussion du principe de dignité, sur ce pan de la tradition républicaine qui cherche l'émancipation des individus, fût-ce contre eux-mêmes.

Le second argument repose sur l'incompatibilité entre citoyenneté et manifestation publique d'une appartenance religieuse. Hier comme aujourd'hui, le bon citoyen ne doit pas trop manifester son appartenance religieuse, sous peine d'être suspecté d'infidélité à la République. Il existe une sorte d'exclusivisme républicain : manifester sa religion signifie se distancier de la communauté des citoyens. Le révolutionnaire Torné justifiait ainsi l'interdiction des vêtements religieux : « Comment pourrait-on souffrir que le clergé ou des congrégations particulières portassent des signes extérieurs d'isolement de la société générale, sans les déclarer, en même temps, hors de la société ? »

Cet argument anime aujourd'hui encore la dénonciation du communautarisme dont le voile intégral serait la manifestation. Pour la féministe Sabine Salmon, présidente de l'association Femmes solidaires, « le voile intégral est un signe militant d'appartenance à un projet de société qui crée un espace privé au sein même de l'espace public et dans lequel les lois de la République n'ont pas d'effet. Avant de voir la femme, on voit sa religion. Le voile intégral encourage l'endogamie, les ghettos, le communautarisme[1] ». Selon cette opinion, lorsqu'une Française porte le voile intégral, elle s'extrait de la communauté des citoyens et cesse d'appartenir à la société. La citoyenne est d'abord

1. Compte rendu n° 3, séance du mercredi 15 juillet 2009.

celle qui accepte de montrer son visage, de nouer des liens avec ses concitoyens par le regard et d'afficher sa disponibilité à l'échange et à la rencontre.

Ce rapprochement entre burqa et Révolution française peut paraître osé, voire fallacieux. Dans l'ouvrage que nous avons commenté dans le premier chapitre, les sociologues Abdellali Hajjat et Marwan Mohammed analysent cette conception étendue de la laïcité comme une falsification nouvelle et récente du principe républicain. Cette conception étendue et autoritaire va à l'encontre du sens réel de la laïcité, qui est un principe de liberté, au sens où il protège la liberté de conscience et le droit d'extérioriser sa foi. La laïcité n'impose la neutralité qu'aux agents publics. Pour les deux sociologues, cette vision élargie de la laïcité n'aurait émergé qu'au cours des années 1990 dans le but d'exclure les musulmans. L'islamophobie a conduit à un travestissement de la laïcité, ce que traduit bien sa récupération par les partis de droite ou d'extrême droite, alors que la laïcité est au fondement du projet politique de la gauche.

Les éléments historiques mis au jour par le professeur François Saint-Bonnet montrent les limites de cette interprétation : il y a bien dans la tradition républicaine quelque chose comme une hostilité à la visibilité des religions. Reconnaître l'existence de cette tendance éclaire d'une manière renouvelée les passions actuelles : la mise en cause contemporaine de l'islam est d'autant plus répandue et légitime en France qu'elle a recours à des arguments issus de l'héritage républicain. Par exemple, en 1989, les opposants au port du voile à l'école ont probablement bénéficié d'une forte audience parce qu'ils n'avaient pas recours à un vocable différentialiste, mais universaliste et émancipateur : il fallait protéger l'école – « sanctuaire » de l'émancipation – des pressions prosélytes.

Reprenons et concluons cette discussion. Si la lutte laïque a pu donner lieu à des abus au cours de l'histoire, la loi de 1905 qui l'a définitivement inscrite dans le droit positif est d'inspiration libérale, comme l'ont rappelé les juristes. La laïcité signifie deux choses. D'une part, l'absence de reconnaissance par la République d'une autorité religieuse qui lui serait supérieure, avec pour conséquence l'interdiction faite à tous les agents publics de manifester une appartenance religieuse. D'autre part, le libre exercice des cultes et la liberté de conscience, qui comprend le droit de porter des signes religieux dans les rues. La conception étendue de l'obligation de neutralité que défendent les députés n'est pas nouvelle dans le débat public, puisqu'elle est née pendant la Révolution. Cependant, elle demeure contraire au droit en vigueur et ne pouvait justifier une interdiction du voile intégral.

Qui parle au nom de Dieu ?

La séquence de la burqa révèle l'existence d'un second conflit d'interprétation au sujet de la laïcité, moins immédiat mais tout aussi important. Au cours des débats, de nombreux responsables politiques sont intervenus sur la question de savoir si le voile intégral relevait de la religion musulmane. La question théologique est limitée : le voile intégral est-il une obligation islamique ? La question politique et juridique est beaucoup plus épineuse : appartient-il à l'État et au législateur de dire ce que sont les commandements d'une religion ?

Au cours des débats sur le projet de loi, il a été répété à

de nombreuses reprises que le voile intégral n'avait rien à voir avec la religion musulmane. Lors de la discussion en séance publique, le député socialiste Jean Glavany estimait ainsi que « tous les responsables du Conseil français du culte musulman nous l'ont dit et, madame la ministre [Michèle Alliot-Marie, garde des Sceaux], vous l'avez rappelé : le port du voile intégral n'a rien à voir avec l'islam, ce n'est pas une prescription du Coran[1] ». En adoptant cette position théologique, les politiques ont voulu éviter de faire un lien entre une pratique marginale et le reste des citoyens français de confession musulmane.

En réalité, le voile intégral entretient des liens avérés avec la religion musulmane : certaines autorités musulmanes le considèrent comme une obligation religieuse, dérivant directement du passage du Coran relatif à l'obligation faite aux femmes de se voiler. Pour la sociologue Maryam Borghée, qui a effectué le premier travail de recherche sur ce sujet[2], « le niqab s'inscrit dans une des nombreuses figures de la tradition musulmane et, à ce titre, fait partie intégrante de la religion islamique, quel que soit le conflit interne, herméneutique et juridique, dont il est par ailleurs l'objet ». En d'autres termes, il n'y a pas consensus entre musulmans sur le fait que le voile intégral soit une prescription islamique, mais il existe des clercs musulmans qui soutiennent cette position.

Au-delà de l'erreur factuelle commise, volontairement ou non, par les membres du Parlement, la question centrale est celle de la légitimité du législateur et de l'État à intervenir

1. Séance du 6 juillet 2010.

2. Maryam Borghée, *Voile intégral en France, sociologie d'un paradoxe*, Éditions Michalon, mai 2012, p. 56.

dans la détermination de l'« islamiquement correct ». Pour les juristes, il n'appartient pas au politique, en application du principe de laïcité, de restreindre la liberté de conscience en définissant *a priori* ce qui relève ou non de la pratique d'une religion. Devant la mission d'information parlementaire, Cécile Petit, avocat général à la Cour de cassation, décrit ainsi la jurisprudence de la Cour européenne des droits de l'homme sur la liberté de conscience : « Le devoir de neutralité et d'impartialité de l'État est incompatible avec un quelconque pouvoir d'appréciation de la part de celui-ci quant à la légitimité des croyances religieuses ou des modalités d'expression de celles-ci[1]. » On comprend facilement pourquoi : si l'État était légitime pour définir ce qu'il est possible de pratiquer au nom de la foi, il serait en mesure de restreindre considérablement la liberté des croyants. Si l'État pouvait déclarer qu'un comportement religieux ne l'était pas et l'interdire sans considération pour la liberté de conscience, cette dernière pourrait être considérablement limitée[2]. L'État ne dispose pas d'une capacité d'appréciation de ce qui constitue, ou non, un comportement religieux : il est lié par la volonté des individus et l'objectivité sociale des pratiques. Si un comportement est pratiqué dans le cadre d'une religion et revendiqué en tant que tel, alors il est protégé par la liberté de conscience[3].

1. Compte rendu n° 17, séance du mercredi 9 décembre 2009.

2. Cette argumentation permet de mieux comprendre l'hostilité des libéraux, et en particulier des autorités des États-Unis, au contrôle des sectes par l'État français. Autoriser l'État à distinguer entre les religions et les sectes est particulièrement dangereux du point de vue des libertés individuelles : toute religion pouvant être considérée comme une secte, elle est alors susceptible d'être soumise au contrôle tatillon des pouvoirs publics.

3. Pour information, voici les critères retenus par la Cour européenne des Droits de l'Homme pour déterminer si un comportement est protégé par la

Sur ce point aussi, il n'est pas interdit d'analyser cette tendance des hommes politiques français à s'ingérer dans le domaine du religieux pour définir les pratiques légitimes à la lumière de l'histoire, et en particulier du gallicanisme de l'Ancien Régime – doctrine au nom de laquelle les rois ont imposé leur contrôle sur l'Église de France au détriment du pape.

De la dignité humaine

Face à l'impossibilité d'invoquer le principe juridique de laïcité, les députés ont cherché un autre motif à une potentielle interdiction. Rémy Schwartz[1], conseiller d'État et rapporteur de la mission Stasi sur le principe de laïcité[2], leur a ouvert, à l'occasion de son intervention, une autre voie : l'interdiction du voile intégral pour incompatibilité avec la dignité humaine. Cette solution a séduit parce qu'elle semble parfaitement correspondre à ce qui choque

liberté de croyance : « On sait que deux critères peuvent être utilisés, selon des combinaisons variables, pour qu'un acte puisse être considéré comme une manifestation de la religion : un critère subjectif, la sincérité de la croyance, et un critère objectif, le rattachement de la pratique en cause à la religion, ce dernier critère pouvant être compris de manière plus ou moins rigoureuse. » Céline Ruet, « L'interdiction du voile intégral dans l'espace public devant la Cour européenne : la voie étroite d'un équilibre », *La Revue des droits de l'homme* [en ligne], Actualités Droits-Libertés, mis en ligne le 12 août 2014, consulté le 30 août 2014.

1. Compte rendu n° 7, séance du mercredi 7 octobre 2009.

2. L'adoption de la loi de 2004 encadrant, en application du principe de laïcité, le port de signes ou de tenues manifestant une appartenance religieuse dans les écoles, collèges et lycées publics a été précédée d'un rapport remis par une Commission de réflexion sur l'application du principe de laïcité dans la République, présidée par Bernard Stasi.

dans le voile intégral. En outre, elle repose sur des bases juridiques plus solides. D'une part, dans un arrêt très remarqué mais qui n'a pas eu de postérité, le Conseil d'État a élargi la notion d'ordre public en y incluant la dignité humaine, afin de pouvoir déclarer légal un arrêté municipal interdisant à des nains de vendre leurs corps comme instruments de jeu (affaire dite du «lancer de nains[1]»). D'autre part, le Conseil constitutionnel, à l'occasion du contrôle de la loi bioéthique de 1994[2], a révélé l'existence d'un principe constitutionnel de sauvegarde de la dignité humaine. La suggestion de Rémy Schwartz a rapidement dû faire face à deux objections de la part des juristes : la compatibilité du concept de dignité avec la liberté individuelle et la relativité culturelle de cette notion.

1° La première difficulté résulte du fait qu'il existe deux définitions de la dignité humaine. D'un point de vue subjectif, ce qui fait la dignité de l'être humain, c'est son libre arbitre, c'est-à-dire sa capacité à déterminer son comportement de manière autonome. D'un point de vue objectif, la dignité correspond à un certain nombre de comportements considérés comme respectueux de la personne humaine. Dans cette optique, il est permis d'interdire certaines pratiques, même si elles n'empiètent pas sur les droits d'autrui et si elles résultent d'un choix volontaire, car elles sont objectivement contraires à la dignité humaine. C'est ce qui s'est passé avec le lancer de nains.

Cependant, selon la plupart des professeurs de droit invités par la mission parlementaire, la vision subjective demeure largement dominante dans le droit positif. D'après

1. Conseil d'État, 27 octobre 1995, Commune de Morsang-sur-Orge.
2. Conseil constitutionnel, décision n° 94-344/344 du 27 juillet 1994.

le professeur Denys de Béchillon[1], «la dignité, c'est le droit dont disposent également tous les hommes de n'être dominés et asservis par personne. [...] Il n'y a rien là qui puisse justifier un gouvernement extérieur des corps et des consciences. [...] Le cœur de la dignité de la femme, n'est-il pas précisément contenu dans l'exercice de son libre arbitre, de sa liberté, y compris celle de porter la burqa si elle l'entend ?»

Les députés de la mission parlementaire se sont fortement opposés à cette définition exclusivement subjective de la dignité, qui voit dans le port du voile intégral la simple manifestation de la liberté de religion. Aussi la députée UMP Nicole Ameline, à l'occasion de l'audition de la juriste Anne Levade, s'est-elle écriée : «Le port du voile n'est pas une liberté, mais une atteinte à la liberté[2].» Les intervenants ont eu recours au thème de l'aliénation : on ne peut choisir volontairement de se soustraire à toute vie sociale. Soit ces femmes sont sujettes à des violences de la part des hommes, soit elles sont aliénées. Dans sa tradition émancipatrice, il appartient alors à la République de contraindre pour libérer : l'interdiction permettra aux femmes de devenir de vrais individus. On retrouve là une certaine vision, non libérale, de la liberté républicaine. Le rapport final de la mission parlementaire indique que «lutter contre le voile intégral, c'est faire œuvre de libération[3]».

Les associations féministes ont particulièrement fait usage de ce type de discours. Sabine Salmon[4] estime que «le port

1. Compte rendu n° 8, séance du mercredi 14 octobre 2009.
2. Compte rendu n° 13, séance du mercredi 18 novembre 2009. Nicole Ameline est députée de la quatrième circonscription du Calvados.
3. Page 95 du rapport de la mission d'information.
4. Compte rendu n° 3, séance du mercredi 15 juillet 2009.

du voile intégral, même s'il est présenté comme librement consenti, porte atteinte à toutes les femmes : à celles qui le portent, qui se trouvent en situation de soumission, mais aussi à toutes les autres. Cette notion de libre consentement n'est pas acceptable». Michèle Vianès[1], présidente de l'association Regards de femmes, va jusqu'à dire que «le voile islamique est une attaque contre la République. Les demandes dérogatoires, les tenues provocatrices portées par les femmes – mais également par les hommes – proclament ostensiblement le refus de respecter les principes républicains de laïcité et d'égalité entre les femmes et les hommes. On ne saurait tolérer n'importe quoi au nom de telle ou telle tradition ou d'une distorsion dévergondée du droit. Le choix personnel n'est pas un droit que la République doit accorder». Lors de l'examen du projet de loi[2], la députée UMP Françoise Branget a été encore plus explicite : «Nous ne pouvons hésiter entre la tradition républicaine, qui a exclu la liberté de ne pas être libre, et l'asservissement, fût-il volontaire.» La Révolution n'est décidément pas très loin : rappelons que le député Torné souhaitait, en 1792, ne pas laisser «exister, au sein d'une nation libre, des monuments d'esclavage, même volontaire».

Les juristes ont opposé deux arguments à cette tentation du législateur d'intervenir pour libérer les femmes de la domination masculine. D'une part, il existe déjà des sanctions pénales pour punir les hommes qui emprisonnent, battent ou soumettent leurs femmes; c'est leur application

1. *Ibid.* Il est à noter que Michèle Vianes, au moment où elle intervenait devant la mission d'information, entamait son rapprochement avec la droite extrême. Elle a ainsi participé aux Assises contre l'islamisation de l'Europe, en présence du bloc identitaire par exemple.

2. Séance du 7 juillet 2010.

concrète qui est problématique. D'autre part, il n'appartient pas au législateur et à l'État de dire qui est véritablement libre. Écoutons les propos de Denys de Béchillon : «En l'état actuel du droit et probablement de la philosophie politique de nos démocraties, il me semble difficile de décider à leur place si les femmes sont libres ou non. La démocratie comporte le risque de vivre avec des monstres qui nuisent à eux-mêmes. C'est infiniment triste. Mais nous ne pouvons pas envisager de les priver de leur liberté sans contredire l'un des principes d'organisation de nos sociétés modernes.» Pour le juriste, «la liberté est une fiction» : fiction sociologique, au sens où de nombreuses personnes sont soumises à des idéologies ou à d'autres personnes, mais réalité juridique qui est au fondement de toutes les institutions modernes, comme le contrat ou le droit de vote[1].

2° L'ultime objection à l'interdiction du port du voile intégral au nom de la dignité humaine est le caractère relatif de ce concept : il n'existe pas de définition stricte et figée de cette notion, car elle est culturellement et historiquement déterminée. Pour Bertrand Louvel, le droit doit rester à l'écart de toute définition culturelle : «Faut-il aller plus loin, notamment au nom du principe de dignité de la femme, souvent évoqué, qui conduirait à penser que le port du voile, et en particulier du voile intégral, exprimerait une situation intolérable de subordination de la femme à l'homme ? La difficulté de cette question est qu'elle repose sur un jugement culturel, qui dépasse d'ailleurs le jugement

1. Il est important de noter que cet argument a aussi été opposé à la proposition d'une interdiction générale au motif de l'égalité entre les hommes et les femmes. Ce principe, inscrit dans la Constitution depuis 1999, justifie la lutte contre les discriminations subies par les femmes, mais pas contre celles auxquelles elles se soumettent volontairement.

porté sur la dignité de la femme. Nous entrons là dans une démarche beaucoup plus délicate, en tout cas beaucoup moins juridique car nous nous adressons à des hommes et à des femmes qui soutiennent, exactement à l'inverse de cette thèse, que le port du voile par la femme est précisément destiné, selon leur culture, à protéger la dignité de celle-ci. Il y a là un débat culturel qui nous fait sortir du droit, mais à l'égard duquel le juriste ne peut qu'émettre des réserves très sérieuses[1].»

Deux conceptions de la dignité s'opposent donc. Pour les hommes politiques, il est possible de définir ce qui constitue la dignité des femmes et nécessaire d'interdire les comportements qui lui sont contraires. Les juristes, dans une perspective libérale, en ont une vision purement procédurale : la dignité ne recouvre que le droit de chacun de faire ce qu'il estime conforme à ses croyances, ses valeurs ou ses intérêts. Le rôle du droit est de protéger cette liberté, en s'assurant que la personne n'est soumise à aucune contrainte extérieure ; il lui est interdit de porter le moindre jugement sur l'usage qui est fait de leurs droits par les individus. La construction de l'État de droit sur des principes universels le conduit à une parfaite neutralité, tant au regard des valeurs que des pratiques culturelles dominantes au sein d'une population, même si elles sont conçues comme étant universellement valables. Pour le professeur Anne Levade : «Je ne vois pas comment le juriste peut analyser le port d'un signe ou d'une tenue visant à manifester une appartenance autrement que comme l'exercice d'une liberté ; le droit n'est pas le lieu d'un jugement de valeur.»

1. Compte rendu n° 17, séance du mercredi 9 décembre 2009.

Les propos rapportés ici illustrent l'ampleur des divergences entre juristes et hommes politiques sur la juste interprétation à donner aux principes républicains. Le droit public français les interprète dans un sens libéral. La laïcité ne peut être imposée qu'aux agents du service public et non à l'ensemble des usagers des voies publiques. La dignité de l'être humain ne peut être entendue que de manière procédurale, sous peine de conduire à d'arbitraires limitations de la liberté individuelle. Le droit ne fait que garantir le libre arbitre de chacun, comme le choix de manifester publiquement sa foi, et se doit d'être impartial, c'est-à-dire neutre au regard des pratiques culturelles dominantes au sein de la population.

Pour les hommes politiques, les principes républicains ont infiniment plus de consistance : la laïcité impose une certaine discrétion des signes religieux dans la sphère publique tandis que la dignité humaine peut être objectivement définie pour interdire les comportements qui lui sont contraires. En définitive, il existe une définition substantielle de la liberté, qui autorise l'État à intervenir pour protéger les individus des idéologies liberticides et œuvrer à leur émancipation. Pour ce type de républicains, l'individualité, c'est-à-dire la capacité à se comporter en individu autonome, ne peut être présumée, comme dans l'argumentation des juristes, pour tous, parce qu'elle résulte avant tout d'un processus d'émancipation : l'individu est autant un construit qu'un donné.

Pour les juristes, de telles conceptions de la dignité et de la liberté humaines ne sont que des idéologies visant à justifier le paternalisme d'État et l'inscription dans le droit des pratiques majoritaires, au détriment des minorités religieuses et culturelles. Il revient à l'État de droit de les protéger d'une telle pression de la majorité.

3
Contraindre à vivre ensemble

Les principaux arguments invoqués à l'encontre du voile intégral reposaient sur des principes républicains comme la laïcité ou la dignité de la personne humaine. Un autre argument, plus sociologique, a aussi été utilisé : le voile intégral serait contraire au vivre-ensemble, qui exige que chacun accepte de montrer son visage à l'autre dans l'espace public. Cette règle, si elle peut être considérée comme universelle, est en tout cas valable en France et a été invoquée pour justifier la limitation des libertés individuelles, dont la liberté de religion.

Ainsi, Patrice Billau, vice-président du Grand Orient de France[1], déclare devant la mission d'information parlementaire : «Dans l'espace public, la liberté individuelle doit s'exprimer dans les limites culturelles de la communauté nationale à une période donnée.» Pour le philosophe Abdennour Bidar[2], «un argument très important que l'on peut opposer au port de la burqa est que le milieu culturel environnant ne saurait accepter une pratique que la majorité perçoit comme manifestant une certaine violence symbo-

1. Compte rendu n° 12, séance du jeudi 12 novembre 2009.
2. Compte rendu n° 2, séance du mercredi 8 juillet 2009.

lique». Le président de la République de l'époque, Nicolas Sarkozy, a traduit ce sentiment en une sentence définitive : «La burqa n'est pas la bienvenue sur le territoire de la République[1].» Le sous-entendu est clair : le voile intégral est un vêtement étranger, nouveau et qui ne sera pas accepté.

C'est Guy Carcassonne, juriste plutôt situé à gauche, qui a proposé aux députés la solution qui sera ensuite reprise par le gouvernement dans son projet de loi. Laissons-le la présenter : «Pourquoi parler d'ordre public? Les codes sociaux font qu'il y a des éléments de notre corps que l'on cache, d'autres que l'on montre. Peut-être dans mille ans exposera-t-on son sexe et dissimulera-t-on son visage, pour le moment, c'est l'inverse qui est unanimement admis. Nous sommes en droit de considérer que ce qui nuit à autrui, aux termes de l'article 4 de la Déclaration des droits de l'homme et du citoyen, est le fait qu'on lui cache son propre visage, lui signifiant ainsi qu'il n'est pas assez digne, pur ou respectable pour pouvoir le regarder. Prohiber la dissimulation du visage permet de résoudre le problème qui nous est posé tout en demeurant conforme aux valeurs de la République, de la démocratie et de la vie en société. [...] Depuis 1789, il existe un consensus social, que j'appelle par commodité "code social", reposant sur un socle de valeurs implicites[2].» Ainsi, Guy Carcassonne arrime sa solution aux principes universalistes et républicains – la liberté peut être limitée si elle nuit à autrui – mais assume aussi son particularisme : la législation doit ici reprendre les normes implicites mais obligatoires propres à la société française. En effet, le voile

1. À l'occasion de son premier discours devant le Congrès réuni à Versailles, le 22 juin 2009.

2. Compte rendu nº 15, séance du mercredi 25 novembre 2009.

intégral, parce qu'il dissimule le visage, manifeste la volonté de se séparer d'autrui et constitue en cela – au-delà de toute perspective religieuse – une agression qui porte atteinte aux droits d'autrui, qu'il appartient au législateur de protéger.

Reprenant cette solution, la loi interdit le port du voile intégral au nom de l'ordre public, entendu dans un double sens[1]. Il est d'abord compris dans sa définition classique de sécurité publique : le visage de chacun doit pouvoir être identifiable par tous (et par les caméras de vidéosurveillance) afin de prévenir les délits. La loi intègre aussi une nouvelle composante, dite immatérielle, à la notion d'ordre public et qui correspond au « socle minimal d'exigences réciproques et de garanties essentielles de la vie en société[2] ». Alors que la définition traditionnelle permet des restrictions temporaires et limitées des libertés individuelles afin de prévenir tout trouble, la nouvelle définition permet des interdictions générales et permanentes.

Dans l'exposé des motifs du projet de loi, il est ainsi dit : « Si la dissimulation volontaire et systématique du visage pose problème, c'est parce qu'elle est tout simplement contraire aux exigences minimales du vivre-ensemble dans la société française. La défense de l'ordre public ne se limite pas à la préservation de la tranquillité, de la salubrité ou de la sécurité [les composantes matérielles traditionnelles de l'ordre

1. Cette interprétation du motif de la loi ne fait pas consensus. Pour Olivier Cayla, professeur à l'EHESS, c'est la dignité qui justifie en réalité l'interdiction. Mais pour Guy Carcassonne, « Olivier Cayla commence à voir de la dignité partout » (*Débat sur la loi interdisant la dissimulation du visage dans l'espace public*, organisé par l'UMR « Centre de théorie et analyse du droit » le 16 novembre 2010 à l'École nationale supérieure).

2. Conseil d'État, Étude relative aux possibilités juridiques d'interdiction du port du voile intégral, 25 mars 2010.

public]. Elle permet également de prohiber des comportements qui iraient directement à l'encontre de règles essentielles au contrat social républicain, qui fonde notre société.» Deux remarques doivent ici être faites. D'une part, l'exposé des motifs relie en permanence les motifs particularistes – les mœurs françaises – à la dimension universaliste de la République – le contrat social qui la fonde. D'autre part, la loi vise la dissimulation du visage et non le port du voile intégral en tant que tel. Cette précaution langagière doit permettre d'éviter une invalidation de la loi au nom du principe d'égalité et de non-discrimination : la loi doit être générale et ne doit pas viser un phénomène particulier[1].

Il est important de noter que cette composante immatérielle de l'ordre public n'est peut-être pas si nouvelle qu'elle le semble : elle pourrait déjà sous-tendre implicitement certaines dispositions législatives en vigueur. Ainsi, pour Guy Carcassonne, «il y a un certain nombre d'interdits, dont personne non plus ne discute le principe, qui, tous, trouvent leur fondement dans l'ordre public immatériel, une espèce d'éthique minimale ou de morale partagée : l'interdiction de l'inceste, des mères porteuses, de la vente d'organes, de la polygamie, n'ont pas d'autres fondements. Nous considérons que c'est contraire à notre ordre public, tel que nous le concevons en France en 2010[2]». Selon cette interprétation, il faudrait donc relativiser la nouveauté introduite par la loi interdisant le voile intégral, en ce qu'il existe déjà en droit français des dispositions normatives qui règlent les pratiques sociales en les transposant dans le droit.

1. L'article premier de la loi dispose : «Nul ne peut, dans l'espace public, porter une tenue destinée à dissimuler son visage.»

2. Débat du 16 novembre 2010.

Quoi qu'il en soit, aussitôt évoquée, cette conception élargie d'un ordre public intégrant les normes sociales a fait l'objet de rudes critiques, parfaitement résumées par le professeur de droit Denys de Béchillon[1]. En premier lieu, la motivation de l'interdiction du voile intégral par la notion d'ordre public immatériel rompt avec le fondement du régime de la police administrative : la restriction doit être l'exception et rester proportionnée au but à atteindre. On peut interdire le port du voile intégral dans certains lieux en raison de trouble potentiel à la sécurité publique mais pas l'interdire complètement. En second lieu, accepter cette extension de l'ordre public serait dangereux car il n'aurait alors plus de définition, et donc de limite. À partir du moment où le législateur est déclaré légitime pour imposer un comportement social, il pourrait user de ce pouvoir dans un sens très peu respectueux des libertés individuelles. Selon le juriste, «la compétence reconnue au législateur pour fixer un ordre des convenances dans la société française pourrait virtuellement recouvrir toutes les limitations de libertés qu'il pourrait juger bon d'imposer. Cet ordre public là n'est rien d'autre qu'un couteau suisse d'une polyvalence infinie : une formule magique capable de donner légitimité à n'importe quelle prétention politique à la direction juridique des conduites».

Un argument connexe opposé à cet ordre public élargi est que la loi ne peut objectiver ainsi les normes sociales, qui sont par nature diverses et plurielles. Le professeur Dominique Rousseau[2] s'interroge : «Ma question porte sur

1. Denys DE BÉCHILLON, «Voile intégral : éloge du Conseil d'État en théoricien des droits fondamentaux», *Revue française de droit administratif*, mai-juin 2010, vol. 26, n° 3, p. 416.

2. Débat du 16 novembre 2010.

l'expression d'exigences minimales de la vie en société, expression apparemment claire, mais qui ouvre sur toutes les possibilités. N'est-ce pas une exigence minimale de tolérer toutes les manières de vivre, le pluralisme des conceptions de vie ? De reconnaître l'autre en tant qu'autre et non pas en tant que moi-même ? L'exigence minimale est-elle le fait d'obliger tout le monde à s'habiller pareil ou, au contraire, de tolérer toutes les façons différentes de s'habiller ? » Parce que ce qui caractérise la France, c'est la diversité, il n'est pas possible pour le législateur de dire comment il faut s'habiller sans enfreindre la liberté de quelques individus.

Une autre critique, de nature plus historique, a consisté à relativiser la nouveauté du voile intégral sur le territoire français. On ne peut invoquer l'argument selon lequel la dissimulation du visage est une pratique nouvelle et étrangère, puisqu'il en a été fait usage dans les anciens départements français d'Algérie. Bertrand Louvel[1] estime que « nous sommes face à deux cultures, qui ont cohabité très longtemps sous le drapeau français, jusqu'à une époque qui n'est pas si ancienne. [...] Par tradition, la France a toujours respecté la diversité religieuse. Lorsque Charles X a débarqué en Algérie, il a dit : nous respecterons votre religion et vos femmes. La France a toujours été fidèle à cet engagement qui a été pris, en son nom, par un régime finissant. La France était en Algérie. Aujourd'hui, l'Algérie est en France. Le problème n'est pas tellement différent ». Aujourd'hui comme hier, à Paris comme à Alger, les difficultés de cohabitation ne peuvent se résoudre que par la tolérance et la reconnaissance de la culture de l'autre.

Il est par ailleurs tout à fait possible que la volonté éman-

1. Compte rendu n° 17, séance du mercredi 9 décembre 2009.

cipatrice des républicains français ne fasse que reproduire le geste colonial. Ceux qui veulent aujourd'hui interdire le voile intégral au nom de la liberté des femmes ont recours aux mêmes arguments que les colonisateurs qui souhaitaient apporter la civilisation aux peuples arriérés des continents africain et asiatique. Ainsi, les féministes françaises qui s'indignent de la situation d'infériorité des femmes portant le voile intégral sont incapables de voir que ce sont elles qui occupent la position de dominants, par leur capacité à déterminer la façon juste de s'habiller et de mener son existence. En position de force et se croyant légitimes moralement, elles restreignent la liberté de celles qu'elles prétendent émanciper.

Le dernier argument opposé à cette volonté d'imposer le vivre-ensemble est que le moyen de l'interdiction générale et absolue contrevient au but poursuivi. Tout d'abord, interdire le voile intégral pourrait conduire les femmes qui le portent à rester chez elles. En outre, la valeur pédagogique de la loi est quasiment nulle : comment ne pas blesser les personnes et les confirmer dans leur vision radicale de la religion en répondant par la contrainte à ce qui apparaît être une forme de provocation ? De manière ironique d'ailleurs, l'interdiction du voile intégral pourrait avoir des effets néfastes sur l'ordre public, matériel cette fois : comme nous allons le voir dans le prochain chapitre, il semble que l'application de la loi demeure partielle, en partie parce que les forces de police préfèrent préserver l'ordre public en s'abstenant de verbaliser des femmes portant le voile intégral plutôt que de risquer de provoquer des tensions avec les populations environnantes.

Dans le même ordre d'idées, interdire le voile intégral pourrait conduire à « stigmatiser » les citoyens français de confession musulmane, et affaiblir encore plus le vivre-ensemble. Pour le président du Conseil français du culte musulman, Mohammed Moussaoui[1], intervenant devant la mission d'information parlementaire, « il existe un risque d'instrumentalisation du débat sur le port du voile intégral. Dès l'expression de votre souhait d'installer une commission d'enquête parlementaire sur le port de la burqa et du niqab sur le territoire national, un débat s'est ouvert sur cette pratique et il a pris des proportions inattendues. Les musulmans dans leur ensemble se sont trouvés de plus en plus souvent confrontés à des amalgames qui ont pour conséquence la stigmatisation de toute une religion. [...] La tournure prise par le débat contribue à stigmatiser la religion musulmane et à faire naître un sentiment d'injustice même chez ceux qui sont hostiles au port du voile intégral ». Le vote d'une loi d'interdiction, au nom même du vivre-ensemble, pourrait avoir de profonds effets pervers en confirmant chez les citoyens français de confession musulmane le sentiment d'être rejetés par la majorité de la population : si un grand nombre de Français se passionnent pour un vêtement porté par deux mille personnes, c'est bien qu'ils ont un problème avec l'islam.

La décision du Conseil constitutionnel

Au regard de ces débats et de l'opposition de certains juristes à une loi d'interdiction générale[2], la décision du

1. Compte rendu n° 8, séance du mercredi 14 octobre 2009.

2. Dans son étude pour le Premier ministre, le Conseil d'État a estimé que « le choix d'une telle conception de l'ordre public ne peut être recommandé en l'état de la jurisprudence constitutionnelle, sous peine de soumettre une

Conseil constitutionnel sur la constitutionnalité de la loi était particulièrement attendue. Le risque d'une invalidation par le juge était si fort que les élus de gauche s'y sont référés pour justifier leur refus de voter la loi. Jean Glavany, député socialiste, s'en expliquait ainsi pendant les débats parlementaires sur le projet de loi[1] : «Le gouvernement demande un avis au Conseil d'État, puis il s'assoit sur cet avis, prenant un risque juridique, et donc politique. Et c'est bien là que se situe notre divergence principale : elle est à la fois juridique et politique. En effet, si ce risque juridique devait devenir une réalité, soit devant le Conseil constitutionnel, soit devant la Cour européenne des droits de l'homme, et que votre texte soit censuré, alors le résultat politique serait désastreux. Ce serait une victoire inespérée pour les intégristes fondamentalistes.»

Cependant, le risque de censure constitutionnel ne s'est pas réalisé : le juge constitutionnel a avalisé le projet d'interdiction. En premier lieu, il a implicitement accepté la notion d'ordre public immatériel permettant de justifier l'interdiction générale[2]. Pour Michel Verpeaux[3], «en évitant

---

prohibition générale de la dissimulation du visage dans les lieux publics à un très sérieux risque de censure, laquelle aurait pour effet de renforcer la position des personnes qui se livrent à ces pratiques». Conseiller juridique du gouvernement, le Conseil d'État a souligné les risques juridiques liés à cette conception immatérielle de l'ordre public, en partie parce qu'il s'agissait d'une notion nouvelle et qu'en l'absence de jurisprudence constitutionnelle sur ce point, il était difficile d'anticiper la décision du Conseil constitutionnel.

1. Séance du 6 juillet 2010.

2. «Le législateur a estimé que de telles pratiques peuvent constituer un danger pour la sécurité publique et méconnaissent les exigences minimales de la vie en société.»

3. Michel Verpeaux, «Dissimulation du visage, la délicate conciliation entre la liberté et un nouvel ordre public», *L'Actualité juridique – droit administratif*, n° 42/2010, p. 2373.

de proclamer trop ouvertement cette notion, le Conseil tente de mieux faire accepter sa décision et ce qui apparaît comme une évolution notable de sa jurisprudence». Il s'agit là d'une sorte de prudence juridictionnelle : le juge accepte la notion étendue de l'ordre public, mais se garde bien d'en préciser les limites ou le contenu, afin de préserver la possibilité d'une censure si ce motif devait de nouveau être invoqué par le législateur dans un sens peu respectueux des libertés publiques. En second lieu, le Conseil constitutionnel a conclu à l'absence de «disproportion manifeste» entre le moyen utilisé – l'interdiction générale – et la garantie des droits fondamentaux[1].

D'une certaine manière, le juge a constitutionnalisé la nouvelle compétence du législateur pour définir les règles du vivre-ensemble. Pour Frédéric Dieu[2], membre du Conseil d'État, «c'est le rôle du législateur, en tant que représentant de la société et inventeur (au sens archéologique où l'on découvre quelque chose qui existait déjà) de ces obligations, qui se trouve valorisé et substantialisé. Il y a place désormais pour une moralisation de l'espace public, entendue comme une consécration juridique, et donc comme une affirmation contraignante, de valeurs sociales reflétant l'état de la société à un moment donné».

1. «Eu égard aux objectifs qu'il s'est assignés et compte tenu de la nature de la peine instituée en cas de méconnaissance de la règle fixée par lui, le législateur a adopté des dispositions qui assurent, entre la sauvegarde de l'ordre public et la garantie des droits constitutionnellement protégés, une conciliation qui n'est pas manifestement disproportionnée.»

2. Frédéric Dieu, «Le droit de dévisager et l'obligation d'être dévisagé : vers une moralisation de l'espace public?», *La Semaine juridique – administrations et collectivités territoriales*, n° 48/2010, p. 35.

Excroissance européenne

Pour conclure ce tour d'horizon juridique, nous devons au lecteur une présentation de la décision rendue par la Grande Chambre de la Cour européenne des droits de l'homme le 1er juillet 2014, qui a conclu à la conventionalité de la loi – c'est-à-dire à l'absence de violation de la Convention européenne des droits de l'homme[1]. Cet arrêt confirme les analyses présentées dans ces deux chapitres. D'une part, l'égalité entre les hommes et les femmes et la dignité de la personne humaine ne peuvent justifier une telle interdiction, du fait qu'elles ne peuvent être opposées à la volonté de la personne qui porte un tel vêtement. D'autre part, la Cour considère que le motif du vivre-ensemble peut légitimement être invoqué par le législateur français pour réglementer cette pratique et que l'interdiction absolue n'est pas disproportionnée au but poursuivi. Alors que la requérante invoquait à l'appui de sa requête, outre la liberté de religion, le principe de non-discrimination, la Cour annonce qu'elle « attache une grande importance à la circonstance que cette interdiction n'est pas explicitement fondée sur la connotation religieuse des habits visés mais sur le seul fait qu'ils dissimulent le visage » (paragraphe 151). Ainsi, l'une des raisons de la conventionalité de la loi est qu'elle vise

1. Attention à la confusion : la Cour européenne des droits de l'homme n'a rien à voir avec l'Union européenne. Il s'agit d'une cour européenne créée en 1959 pour juger en dernier ressort du respect de la Convention du même nom par les États parties, qui sont au nombre de quarante-sept. Elle diffère donc de la Cour de justice de l'Union européenne, qui est le juge en charge d'assurer l'effectivité et l'unité de l'application du droit de l'Union européenne par les États membres.

effectivement à préserver ce qui peut légitimement être considéré comme l'une des conditions du vivre-ensemble – le fait de montrer son visage – et ne vise aucune religion en particulier, ce qui serait pour le coup contraire au principe de non-discrimination.

Au-delà de l'appréciation positive de la CEDH, deux commentaires particulièrement intéressants peuvent être tirés de son arrêt. Tout d'abord, les juges avouent leur perplexité face au dilemme posé par la question du voile intégral : il apparaît en effet que l'un des principes fondamentaux de la jurisprudence de la Cour – le pluralisme – est incapable de justifier une solution plus qu'une autre à la question juridique posée, puisqu'il est invoqué de manière convaincante par les deux parties. Ainsi, « comme le souligne la requérante, en interdisant à chacun de revêtir dans l'espace public une tenue destinée à dissimuler son visage, l'État défendeur restreint d'une certaine façon le champ du pluralisme, dans la mesure où l'interdiction fait obstacle à ce que certaines femmes expriment leur personnalité et leurs convictions en portant le voile intégral en public. Il [le gouvernement] indique cependant de son côté qu'il s'agit pour lui de répondre à une pratique qu'il juge incompatible, dans la société française, avec les modalités de la communication sociale et, plus largement, du vivre-ensemble. Dans cette perspective, l'État défendeur entend protéger une modalité d'interaction entre les individus, essentielle à ses yeux pour l'expression non seulement du pluralisme, mais aussi de la tolérance et de l'esprit d'ouverture, sans lesquels il n'y a pas de société démocratique » (paragraphe 153). Le pluralisme peut aussi bien conduire à tolérer que certaines personnes refusent de montrer leur visage qu'à demander à tous les membres de la société d'afficher une disponibilité minimale à la communication et à l'échange, élément indispensable à une société plurielle, tolérante et ouverte.

Il y a donc, d'une certaine manière, une «indécidabilité» au regard du principe de pluralisme, qui peut être invoqué dans un sens ou dans un autre au sujet de cette loi. La Cour dépasse ce dilemme en invoquant implicitement la liberté démocratique de choisir les principes fondamentaux d'organisation de la société : «Il apparaît ainsi que la question de l'acceptation ou non du port du voile intégral dans l'espace public constitue un choix de société.» Il appartient à chaque société européenne de déterminer son appréciation du principe de pluralisme, selon qu'il doit conduire à l'acceptation de toutes les manières de s'habiller, même choquantes, ou à la limitation de celles qui peuvent porter atteinte à la possibilité de la communication sociale. En lien avec notre questionnement du premier chapitre sur la légitimité d'une démocratie à interdire certains comportements considérés comme contraires à ses valeurs, il apparaît que la CEDH y répond positivement, mais avec une très grande prudence.

Cependant, deux juges sur dix-sept se sont opposés au raisonnement de la Grande Chambre de la CEDH et ont écrit une «opinion dissidente[1]», annexée à l'arrêt et qui rend compte des motifs de leur divergence. Ils contestent la décision de la CEDH parce que cette dernière a accepté de limiter de manière concrète la liberté de religion des croyants au nom de principes très vagues, qui peuvent faire l'objet

1. La Cour européenne des droits de l'homme autorise les juges à publier des opinions jointes aux décisions, pour expliquer leur accord ou leur désaccord. On parle d'opinion concurrente ou dissidente.

de nombreuses formulations (nous retrouvons la critique de Denys de Béchillon contre l'ordre public « couteau suisse »). Ainsi, selon les juges Nussberger et Jäderblom, « des droits individuels concrets garantis par la Convention sont ici sacrifiés à des principes abstraits » (paragraphe 2 de l'opinion dissidente) ; ils caractérisent plus loin la notion de vivre-ensemble comme « factice et vague » (paragraphe 5). De manière cruciale, ils estiment « qu'il n'existe aucun droit à ne pas être choqué ou agressé par différents modèles d'identité culturelle ou religieuse, même par ceux qui sont aux antipodes du style de vie traditionnel français ou européen » (paragraphe 7) : le poids de la tolérance doit porter exclusivement sur ceux qui voient le voile intégral ; ils ne disposent pas d'un droit à ne pas être choqué qui pourrait être opposé à la liberté de conscience des femmes qui portent le voile intégral.

En conséquence, pour les deux juges, « cette interdiction pourrait être interprétée comme le signe d'un pluralisme sélectif et d'une tolérance limitée. Dans sa jurisprudence, la Cour a clairement évoqué le devoir de l'État de promouvoir une tolérance mutuelle entre des groupes opposés, et a déclaré que "le rôle des autorités ne consiste pas à éliminer la cause des tensions en supprimant le pluralisme mais à veiller à ce que les groupes concurrents se tolèrent les uns les autres". En interdisant le voile intégral, le législateur a fait exactement l'inverse : loin d'essayer de garantir la tolérance entre la très grande majorité et une petite minorité, il a interdit ce qui est vu comme un facteur de tensions ». Selon ces deux juges, le rôle de l'État est de réguler les tensions et non de les éliminer ; il lui revient d'assurer la paix civile mais pas d'œuvrer en faveur d'une uniformité des points de vue au sein de la société. C'est à ce principe que l'État français a manqué en interdisant le voile intégral : il a agi en faveur d'une uniformisation des pratiques vestimentaires, au détriment de la liberté de conscience. Le principe de neutralité doit conduire l'État à préserver la tolérance entre les points de vue, mais pas à en privilégier un au détriment de l'autre. Comme le lecteur le perçoit sûrement, cette conclusion est fondamentale : nous y reviendrons dans ce qui va suivre, en particulier lors de notre discussion à propos de la répression du discours homophobe.

Pour conclure, reprenons synthétiquement cette discussion juridique. Le législateur a donc interdit le port du voile intégral au nom d'un ordre public élargi à des composantes immatérielles, c'est-à-dire aux règles minimales du vivre-ensemble. Pour ne pas courir le risque d'une censure pour non-conformité au principe d'égalité et de non-discrimination, c'est la dissimulation du visage qui a été interdite. Ce subterfuge n'a trompé personne, puisque le Conseil constitutionnel a replacé la disposition législative sur le terrain de la liberté de religion. C'est ainsi au nom des nécessités de la vie collective que le voile intégral a été interdit.

Ce choix ne signifie pas que le législateur, au cours du débat, a abandonné la définition républicaine et universaliste de la nation française pour une conception essentialiste et objective. Deux raisons plus profondes le justifient. D'une part, les arguments particularistes ont toujours constitué un motif important en faveur de l'interdiction générale, en parallèle et non en concurrence avec les arguments universalistes. Cependant, ils n'ont jamais pleinement été formalisés en raison de l'attachement de nos représentants aux fondements universalistes de la République. D'autre part, *les législateurs ont réalisé que les principes universels, sur lesquels ils pensaient pouvoir fonder l'interdiction générale, juridiquement interdisent l'adoption d'une telle mesure : l'ordre public élargi a été choisi par défaut.* Comme il a été dit dans le précédent chapitre, la construction de l'État de droit sur des principes universels entendus de manière procédurale le conduit à une parfaite neutralité, tant au regard des valeurs comprises comme universelles que des pratiques sociales dominantes au sein de l'entité politique considérée.

4
De l'impossible indifférence

Nous nous sommes jusqu'à présent intéressés aux débats qui ont eu lieu dans les espaces officiels – Parlement, cours de justice et revues universitaires. Mais que se passe-t-il «sur le terrain», dans les interactions sociales concrètes entre les femmes qui portent un voile intégral et ceux qui le voient? Répondre à cette question doit nous permettre d'éclairer l'un des points de contentieux mis au jour dans notre premier chapitre : la spontanéité de l'islamophobie. Le voile intégral pose-t-il effectivement des problèmes dans les relations interpersonnelles, ou s'agit-il d'un non-sujet dont se sont saisis des hommes politiques désireux d'utiliser cette pratique extrêmement minoritaire pour stigmatiser et exclure les Français de confession musulmane?

Dans ce qui va suivre, nous proposons une approche interactionniste, qui analyse la situation au travers des actions et perceptions des acteurs sociaux. Il s'agira ici de mettre en lumière les réactions suscitées par le voile intégral et les jugements de valeur dont il est l'objet, mais aussi d'approfondir les motifs d'une telle pratique religieuse chez ces Françaises de confession musulmane. Pour aborder ces interactions, nous partirons du comportement qui est attendu de ceux qui vivent dans une société plurielle : la tolérance.

De l'impossible tolérance

La tolérance est la vertu reine d'une société qui se conçoit comme fondée sur les droits de l'homme. À partir du moment où chaque individu, dans le respect des libertés et de l'intégrité d'autrui, est déclaré libre de choisir ses croyances, ses opinions politiques et ses pratiques vestimentaires, il en résulte une grande diversité des comportements. Afin de maintenir le vivre-ensemble, il est demandé aux membres d'une telle société de tolérer des comportements et des opinions qu'ils peuvent ne pas partager, voire combattre. Tolérer signifie ne pas manifester ouvertement son hostilité et reconnaître la légitimité de comportements que l'on peut par ailleurs condamner. D'une certaine manière, le droit à la différence de chaque membre du corps social a pour contrepartie un devoir d'indifférence : si chacun a le droit de manifester sa religion, chacun est aussi sujet à l'obligation de ne pas faire de différence, c'est-à-dire de ne pas manifester la gêne et/ou la colère que peut déclencher en lui la vue de l'altérité.

Il est possible d'aller plus loin. Certaines personnes peuvent ne pas seulement tolérer – c'est-à-dire accepter la diversité des points de vue tout en restant attaché à la supériorité du leur – mais renoncer simplement à tout jugement de valeur : tout se vaudrait, leur point de vue comme celui des autres. Un tel relativisme est apparemment pratiqué par le professeur de droit Olivier Cayla, qui s'est prononcé sur la réaction que suscite chez lui le voile intégral à l'occasion d'un colloque universitaire : « Il se trouve que, personnellement, cela m'est parfaitement égal de croiser une femme qui dissimule son visage, je ne me sens nullement agressé, je me dis simplement que je ne partage pas l'image qu'elle se fait de sa propre féminité, mais qu'après tout cela la regarde et que je ne vais pas de mon côté en faire un plat[1].» Olivier Cayla n'a pas l'air très convaincu de la supériorité de son «image de la féminité». L'épisode de la burqa met cependant en lumière la rareté de ce relativisme et la difficulté de la tolérance.

Pour les membres de la représentation nationale, il n'est pas possible de ne pas être choqué par un tel vêtement, qui prive autrui de toute possibilité de contact et qui manifeste le rejet des valeurs qui sont au cœur du vivre-ensemble français, en particulier l'égalité et la mixité entre les hommes et les femmes. L'indifférence est impossible. Les débats ont ainsi donné lieu à un véritable festival d'indignation. Le rapport de la mission parlementaire indique par exemple que «le voile intégral est une atteinte intolérable à la liberté, à la dignité des femmes. C'est la négation de l'égalité des sexes, de la mixité dans notre société. C'est finalement la volonté d'exclure les femmes de la vie sociale et le rejet de notre volonté commune de vivre ensemble[2]». Le voile intégral est donc perçu comme une agression délibérée, manifestant la volonté de se soustraire aux règles communes et d'imposer une vision intégriste, voire conquérante, de la religion.

Face à ce vêtement, les appels à la tolérance sont rejetés comme étant un travestissement de ce noble principe. Pour le philosophe Henri Péna-Ruiz[3], par exemple, «le prétexte

1. *Débat sur la loi interdisant la dissimulation du visage dans l'espace public*, organisé par l'UMR «Centre de théorie et analyse du droit», le 16 novembre 2010 à l'École normale supérieure.

2. P. 13 du rapport de la mission d'information.

3. Compte rendu n° 12, séance du 12 novembre 2009.

de la tolérance est hors sujet et il se contredirait lui-même en commençant par accepter l'inacceptable, à savoir la rature de la liberté et de l'égalité des sexes». Mais tolérer, n'est-ce pas tout tolérer, y compris ce qui choque et gêne? Nous reviendrons sur la difficile délimitation de la frontière entre le tolérable et l'intolérable dans notre dernier chapitre, consacré au discours homophobe.

Au-delà du scandale au sein de l'opinion publique autorisée, le voile intégral provoque aussi le malaise des personnes qui ont à en croiser dans leur vie quotidienne. Parce que ce vêtement est considéré comme choquant et agressif, il provoque des réactions de rejet, voire de violence. Philippe Esnol[1], maire de Conflans-Sainte-Honorine, relate devant la mission d'information parlementaire que le voile intégral «provoque des relations de malaise dans la population, qui ressent cela comme l'affichage provocateur de la volonté de ne pas s'intégrer». À sa suite, la députée parisienne et socialiste Danièle Hoffman-Rispal décrit l'événement suivant : «Je me suis trouvée récemment dans le métro avec une femme très jeune qui pouvait à peine se déplacer à cause de sa burqa : tout le wagon s'est mis en colère; le mouvement d'humeur a été général.» Jean-Pierre Blazy[2], maire de Gonesse et membre de l'association Ville et banlieue de France, estime que «le voile intégral est minoritaire par rapport au foulard, lui-même très répandu dans l'espace public. Il est cependant visible et suscite des réactions de condamnation et de rejet de la part d'une partie de la population qui, loin de voter pour le Front national à chaque scrutin, a des convictions laïques et républicaines.

1. Compte rendu n° 3, séance du mercredi 15 juillet 2009.
2. Compte rendu n° 6, séance du mardi 29 septembre 2009.

Si ces réactions ne se manifestent pas au quotidien de façon apparente, elles n'en demeurent pas moins une réalité».

Maryam Borghée, dans son travail sociologique consacré aux femmes portant le voile intégral en France, raconte que ces dernières sont victimes, sinon d'agressions, du moins de fréquentes remarques insultantes. «Au quotidien, les passants tutoient ces femmes, les infantilisent ou les insultent; dans les commerces, les transports en commun, sur le trottoir, civils et fonctionnaires s'arrogent le droit d'adopter une attitude à leur égard qu'ils ne s'autorisent pas quand elles sont accompagnées d'un homme. [...] Les femmes interrogées rapportent qu'elles font l'objet de conduites irrespectueuses, en plein jour, plutôt en dehors de leurs quartiers[1].» Ainsi, la violence n'est pas unidirectionnelle : ceux qui voient un voile intégral s'autorisent parfois à prendre à partie les femmes qui le portent.

Par ailleurs, le rapport des citoyens français de confession musulmane avec ce vêtement religieux est ambivalent. D'après Maryam Borghée, l'admiration d'une partie d'entre eux procure à ces femmes un statut à part qui les distingue de la masse des croyants. «L'idée selon laquelle les musulmanes intégralement voilées seraient des croyantes spéciales ou supérieures aux autres se nourrit du comportement des musulmans eux-mêmes, soit fascinés, soit horrifiés par cette pratique. Le vif intérêt qu'elles suscitent alimente le fantasme qui fait d'elles des musulmanes à part[2].» D'autres Français musulmans manifestent leur désapprobation à l'égard de ce vêtement, en particulier parce qu'ils anticipent la condamnation qu'il suscite et qui pourrait s'étendre à l'ensemble des

1. *Voile intégral en France, sociologie d'un paradoxe, op. cit.*, p. 170.
2. *Ibid.*, p. 176.

croyants. Éric Raoult[1] rend ainsi compte de ce sentiment : « Que l'on ne se méprenne pas non plus sur le ressenti de la population qui vit autour de ces jeunes femmes portant le voile intégral. Sur les marchés de nos banlieues, elles se font souvent prendre à partie. Les autres femmes les appellent "Belphégor" ! En l'occurrence, on leur dit : "Retire ça, car ce que tu ne vois pas, c'est que ça attire les photographes et les télévisions !" » Pour Georges Mothron, député UMP du Val-d'Oise[2], « dans ma circonscription, la burqa est présente et la stigmatisation est quotidienne : devant l'école, au marché et dans la rue. Les musulmans qui sont parfaitement intégrés sont ceux qui en souffrent le plus ».

Pour finir ce tour d'horizon, il convient d'essayer de quantifier le phénomène en cause. Avant l'interdiction législative, cette pratique était très faible au niveau national, mais constituait un fait notable dans certains territoires. Dans son intervention, Brice Hortefeux, à l'époque ministre de l'Intérieur, a évoqué un chiffre de mille neuf cents femmes portant le voile intégral en France métropolitaine et dans les départements d'outre-mer. Selon le ministre[3], « le port du voile intégral est toutefois circonscrit aux zones urbanisées, et concentré dans les cités sensibles des grandes agglomérations : 50 % des femmes portant le niqab en métropole vivent en Île-de-France. Viennent ensuite la région Rhône-Alpes – cent soixante cas répertoriés –, puis la région Provence-Alpes-Côte d'Azur – une centaine de personnes recensées. Ces trois régions concentrent à elles seules les deux tiers des femmes portant le voile intégral en métropole ».

1. Compte rendu n° 13, séance du mercredi 18 novembre 2009.
2. Compte rendu n° 17, séance du mercredi 9 décembre 2009.
3. Compte rendu n° 18, séance du mercredi 16 décembre 2009.

Enfin, il semble très difficile de mesurer l'impact de la loi sur la pratique effective du port du voile intégral en France : il apparaît néanmoins possible de dire que son application ne va pas sans poser de problèmes et qu'elle n'a pas pleinement atteint son objectif. Tout d'abord, le voile intégral continue d'être porté en France malgré l'interdiction. Ainsi, le politologue Gilles Kepel décrit dans son dernier ouvrage ce qu'il a pu constater à Roubaix : un certain nombre de femmes portant un voile intégral se déplacent sans difficulté dans les rues et sans que personne ne semble choqué. « De l'autre côté de la verrière de la brasserie second Empire où nous conversons assis près d'un radiateur, non seulement la plupart des femmes qui passent sont voilées, mais plusieurs dizaines d'entre elles affrontent le froid descendu du pôle Nord sur la plaine des Flandres revêtues du niqab noir prescrit par les salafistes surgis du désert saoudien. [...] Au vu du spectacle que j'ai sous les yeux, en février 2013 à Roubaix, pendant l'entretien avec le candidat aux élections législatives Rachid Rizoug, je me fais la réflexion qu'un contrôle de police et des interpellations pour faire appliquer la loi seraient probablement irréalisables sur un territoire où le port du niqab s'est imposé comme fait accompli[1]. » Le second point important a trait aux difficultés que les forces de l'ordre rencontrent quand elles veulent faire appliquer cette loi, comme le montre l'exemple de Trappes, où un contrôle a provoqué une émeute à l'été 2013. Plutôt que de sanctionner le port du voile et de risquer ce type de troubles, il est probable que la police renonce régulièrement à intervenir.

Mais revenons au cœur de notre sujet : nous nous

1. Gilles KEPEL, *Passions françaises*, Gallimard, 2013, p. 192.

intéressons ici aux réactions suscitées par le voile intégral chez ceux qui ont à le voir. Les propos que nous venons d'évoquer constituent un faisceau d'indices, qui laisse à penser que le voile intégral génère des difficultés réelles dans les interactions sociales : gêne, malaise, manifestation d'agressivité, insulte, menace physique et agression. Le voile intégral n'est pas considéré comme un vêtement normal, ni même comme un vêtement excentrique qu'il conviendrait de tolérer; il relève, selon les députés et apparemment selon de nombreuses personnes qui ont à le voir, de la catégorie de l'intolérable. Tout le monde ne parvient pas à rester indifférent à sa vue. Dans une telle situation, l'une des réactions possibles consiste à minimiser la probabilité de se trouver dans la situation d'avoir à croiser un voile intégral ou, pour les femmes qui le portent, d'être malmenées. Les perceptions négatives pourraient bien nourrir des logiques de séparatisme social.

Aux députés de la mission d'information parlementaire, l'historien Benjamin Stora[1] décrit ce mouvement en rendant compte de certaines discussions avec ses élèves de l'université : « Incidemment, lorsque je leur fais remarquer que le voile intégral ne les aidera pas à trouver un emploi, ces femmes me répondent qu'elles iront travailler au sein de quartiers communautarisés. L'apparition de "secteurs" réservés aux croyants, hors des lois de la laïcité et de la République, avec commerces et institutions scolaires *ad hoc* constitue l'un des problèmes auxquels nous serons confrontés dans les vingt prochaines années. » Selon Jean-Pierre Blazy[2], maire de Gonesse, « certaines personnes issues des couches moyennes

1. Compte rendu n° 13, séance du mercredi 18 novembre 2009.
2. Compte rendu n° 6, séance du mardi 29 septembre 2009.

n'ont-elles pas déjà fait le choix, pour toutes sortes de raisons, de quitter ces territoires? Si le voile intégral n'explique pas tout, il peut entrer en ligne de compte».

Ces éléments ne visent pas à prouver que la France est en voie de communautarisation avancée, ni que son territoire se partage maintenant en fonction de critères religieux. Notre conclusion est beaucoup plus limitée et se situe au plan théorique. Le voile intégral constitue une sorte d'expérience de laboratoire qui tend à montrer que la tension entre vivre-ensemble et droits de l'homme est bien réelle. Si les droits de l'homme contribuent intensément au vivre-ensemble par la pacification qu'ils génèrent, ils peuvent aussi, si la manifestation de la diversité qui en résulte est trop importante, nourrir des logiques séparatistes. Le voile intégral, au regard des mœurs françaises actuelles et de la conception dominante de la dignité humaine, est vu comme un acte religieux agressif et provocateur qu'il n'est pas possible de tolérer : face à cette impossible coexistence, les deux parties préfèrent se séparer pour ne pas avoir à se voir. Lorsque les différences sont trop importantes, la séparation constitue une option privilégiée.

De la spécificité du visage

Ce raisonnement peut être critiqué sur deux points. Tout d'abord, le caractère particulièrement fruste des éléments empiriques qui le soutiennent doit conduire à l'invalider. Effectivement, en l'absence d'étude approfondie et complète sur le vécu des femmes portant le voile intégral et sur la perception de ce vêtement religieux par ceux qui ont à le croiser dans leur quotidien, toute conclusion doit faire preuve de la plus extrême prudence. Cependant, il nous semble que l'enquête de Maryam Borghée sur l'expérience d'une trentaine de femmes portant le voile intégral constitue un élément empirique qui permet de dire que ce vêtement provoque des réactions négatives, d'autant qu'elle avait commencé à mener ses entretiens avant l'émergence du thème dans le débat public.

La seconde critique porte sur le fait que les perceptions négatives du voile intégral ne sont pas spontanées, mais sont la traduction du sentiment islamophobe qui domine actuellement la France. L'argument est le suivant : le malaise ressenti à la vue du voile intégral ne résulte pas directement de ce vêtement couvrant le visage, mais de l'ensemble des connotations négatives qui lui sont associées. Ce qui fait peur, ce n'est pas le voile intégral, mais l'association immédiate qui est faite entre ce vêtement et l'islamisme dont on parle abondamment dans le débat public français sans s'embarrasser à le définir. Ainsi, le voile intégral ne représenterait un problème pour ceux qui le voient qu'en tant que confirmation de leur peur injustifiée d'une diffusion rapide et inquiétante de l'islam fondamentaliste au sein du continent européen.

Un fait et une comparaison soutiennent cet argument. Il est d'abord particulièrement révélateur que le mot employé dans le langage public pour désigner le voile intégral porté en France soit celui de burqa, qui renvoie au mouvement des talibans afghans et donc au terrorisme, alors que le terme approprié est celui de niqab – un vêtement originaire de la péninsule arabique qui laisse les yeux apparents[1]. Le port

1. Les deux vêtements diffèrent par le fait que la burqa dispose d'une grille sur les yeux tandis que le niqab laisse une fente ouverte au niveau des yeux.

du voile intégral est ainsi immédiatement associé à l'islam intégriste, voire terroriste, alors que – comme nous allons le voir – le sens donné à ce signe religieux par celles qui le portent est significativement différent.

Cet argument a été repris et rationalisé par les deux juges de la CEDH qui se sont opposés à la décision de la Cour de déclarer conventionnelle la loi interdisant le voile. Écoutons-les : «Il nous semble cependant que ces craintes et ce malaise sont causés non pas tant par le voile lui-même, qui – contrairement peut-être à certains autres codes vestimentaires – ne saurait être perçu comme agressif en soi, mais par la philosophie qu'il est censé véhiculer. Ainsi, les motifs mis en avant de manière récurrente pour justifier le rejet du voile intégral sont fondés sur les interprétations de sa signification symbolique» (paragraphe 6 de l'opinion dissidente). Ainsi le problème ne réside pas dans le voile intégral en tant que tel, mais dans les représentations qui lui sont associées.

Une comparaison est ici utile pour essayer d'isoler ce qui choque dans le voile intégral. Le sociologue des religions Raphaël Liogier illustre l'argument selon lequel la gêne ressentie à la vue du voile intégral résulte principalement de l'islamophobie dominante en faisant un parallèle entre néobouddhisme et islam rigoriste. Alors que l'une de ces deux pratiques religieuses est considérée comme étrange mais exotique, la seconde est immédiatement perçue comme menaçante, parce qu'elle renvoie à l'islamisme et au terrorisme.

Voici l'argument que tire Raphaël Liogier de sa comparaison entre néobouddhisme et islam rigoriste : «Ce fondamentalisme musulman nouveau ressemble à celui d'un néobouddhiste contemporain qui ne se contenterait pas, comme la majorité de ses coreligionnaires européens ou américains, de suivre quelques enseignements du dalaï-lama en CD-Rom et de faire un stage de méditation de temps à autre, mais se prendrait plus radicalement au jeu de la spiritualité en rasant ses cheveux, pour extirper la racine des désirs (ainsi que l'énoncent les textes), s'accoutrerait d'une saillante robe safran et se baladerait hardiment et pieds nus sur le Pont-Neuf à Paris ou dans Central Park à New York en pleine journée devant des touristes amusés. Seulement voilà, avec le voile intégral, les touristes ne sont pas amusés mais saisis par la peur. Parce qu'ils projettent l'image de l'islamisme, caractérisée au mieux par l'enfermement de ces femmes derrière cette "terrible prison de tissu", au pire par une déclaration de guerre à l'Occident, par une machiavélique conspiration contre la démocratie, contre "nos" valeurs sacrées, dont ce vêtement autostigmatisant *ne peut qu'être* l'effrayant et intolérable emblème[1].» Ainsi, si le voile intégral peut être comparé à la robe safran d'un néobouddhiste, on comprend aisément que la différence de traitement entre les deux vêtements ne peut résulter que de l'islamophobie dominante.

Il existe cependant un contre-argument évident à opposer à Raphaël Liogier : le voile intégral ne peut être comparé à une robe de moine – bouddhiste ou catholique – ou à un

1. Raphaël LIOGIER, «Le voile intégral comme *trend* hypermoderne», *Multitudes* 3/2010, n° 42, p. 14-20. Les constats faits dans cet article se fondent sur un documentaire réalisé par la sociologue Agnès de Féo sur des femmes portant le voile intégral (*Sous la burqa*, 2010). Un second documentaire a été réalisé en 2012 (*Niqab hors la loi*). Ces deux documentaires sont disponibles gratuitement en ligne sur YouTube et très instructifs, puisque c'est la première fois que des femmes portant le voile intégral témoignent de leur expérience et des raisons de leur pratique.

simple voile car, justement, il est intégral. Parce qu'il masque le visage, il semble possible de dire que le niqab entre effectivement en contradiction avec l'une des caractéristiques les plus évidentes de la société française, à savoir qu'il est banal et attendu de tous de montrer son visage dans l'espace public. Plus généralement, on peut avancer l'argument selon lequel le visage constitue une dimension essentielle de la personne humaine et que le fait de le dissimuler constitue une agression authentique – en *soi*, qui illustre une volonté de couper tout contact avec *autrui*.

Ami lecteur, nous ne pouvons que souligner le caractère essentiel de ce moment de notre réflexion commune : il s'agit ici de s'interroger sur ce qui choque dans le voile intégral ; ou, pour le dire plus précisément, de s'interroger sur les motifs de la gêne que nous pouvons ressentir à la vue du voile intégral. En vérité, le voile intégral est-il choquant en soi, parce qu'il couvre le visage, ou seulement parce que la société française, en 2010, lui a accordé une certaine valeur, négative, mais susceptible d'évoluer au fil des années ? Au-delà de la question de l'opportunité d'une interdiction législative, peut-on condamner moralement le voile intégral en tout temps et tous lieux ou tout jugement porté sur ce vêtement est-il intrinsèquement dépendant du contexte social dans lequel il est émis ? Après tout, dans quelques années, des sociologues vont peut-être intervenir pour dire que le voile intégral est banal et que toute gêne à son égard relève de l'islamophobie.

Pour tous ceux qui entendent porter un jugement définitif, valable universellement, sur le voile intégral, le fait qu'il couvre le visage constitue un élément déterminant, qui le différencie radicalement de tous les autres signes religieux. Aucune comparaison n'est possible avec les robes de moine ou les foulards des religieuses catholiques et de musulmanes, car tous ces vêtements préservent la visibilité du visage. C'est l'exceptionnalité du visage humain qui justifie la possibilité d'une condamnation universelle du voile intégral.

Au cours des débats ayant précédé l'adoption de la loi d'interdiction, de nombreuses références ont été faites à la place accordée au visage par le philosophe du XXe siècle Levinas dans son éthique. Cependant, il nous semble que l'argument le plus pertinent que l'on peut invoquer contre le voile intégral est celui de la citoyenneté, qui a été développé par des juristes et des sociologues. Ainsi, l'historien du droit François Saint-Bonnet, chez qui nous avons trouvé les propos du révolutionnaire Torné sur le projet d'interdire les vêtements religieux dans l'espace public, estime que la citoyenneté est le seul motif permettant de fonder solidement l'interdiction du voile intégral dans l'espace public[1].

L'idée est qu'il appartient au législateur de trouver l'équilibre entre la volonté de certains croyants de « mourir au monde », en quittant définitivement la société pour le cloître ou en portant un voile intégral, et les exigences liées à la vie démocratique. Ainsi, il importe « d'approfondir la réflexion sur la manière dont on peut concilier l'appartenance à la société terrestre, de surcroît une société démocratique, avec la liberté laissée à chacun de se retirer du monde pour des raisons de piété. [...] Cette approche permet de justifier l'interdiction du port du voile intégral ou de dissimuler son visage dans l'espace public – pour peu que l'on juge l'idée judicieuse ou légitime – en se fondant sur une conception

1. François SAINT-BONNET, « La citoyenneté, fondement démocratique pour la loi anti-burqa... », art. cit.

positive de la citoyenneté dans une société démocratique, plutôt que sur un "ordre public immatériel" bien incertain».

Cette conception est dite positive en ce qu'elle accepte de ne pas réduire la citoyenneté à un ensemble de droits, dont le droit de vote, mais lui donne une définition plus substantielle comprenant un certain nombre de devoirs, dont celui de manifester sa disposition à la rencontre et à l'échange avec ses concitoyens dans l'espace commun, défini comme l'espace tiers entre le domicile et la sphère des bâtiments publics – l'espace des interactions sociales. La démocratie reposant sur le principe du gouvernement d'une collectivité humaine par elle-même, elle requiert que chaque citoyen affiche sa disponibilité à discuter et partager ses opinions, sans quoi les idées de délibération commune et d'autodétermination collective deviendraient sans objet.

C'est un peu le souvenir du forum romain qui affleure sous l'argumentation de François Saint-Bonnet : le citoyen étant responsable de la chose commune et cette dernière ne pouvant être déterminée que par la délibération publique, il doit être disposé à écouter, intervenir et partager son point de vue, ce qu'empêche radicalement le voile intégral. Ainsi, au-delà de l'indignation spontanée, on peut essayer d'établir une incompatibilité de principe entre notre régime démocratique et le voile intégral.

L'idée fondamentale est donc que la présence dans l'espace public partagé implique des devoirs, liés à la citoyenneté. Selon François Saint-Bonnet, «être dans la société civile, être présent à la communauté politique, autrement dit être citoyen, est incompatible avec l'attitude de réclusion ou de claustration parce que cette attitude est inadéquate à l'espace public. La réclusion, la claustration volontaire ou la mort au monde comme attestant une volonté de se protéger (de la vue d'autrui) doivent être reconnues comme des libertés individuelles qui ne peuvent se concevoir que dans la sphère privée *stricto sensu.* [...] Sinon, il ne saurait y avoir de société mais une simple agglomération d'atomes redoutant tout contact, ne serait-ce que visuel, avec autrui». Pour le professeur d'histoire du droit, c'est au nom de la citoyenneté qu'il aurait été possible d'interdire le voile intégral, car il manifeste le refus conscient de participer à un espace public conçu comme le lieu de la concrétisation toujours possible de la communication entre citoyens. Si le refus du monde ou la volonté de se retirer du monde sont des composantes essentielles de la liberté de religion, ces élans de l'âme ne peuvent s'effectuer que dans l'espace strictement privé constitué par le domicile, le cloître ou l'ermitage.

La sociologue Dominique Schnapper, par ailleurs ancien membre du Conseil constitutionnel, a elle aussi contribué à cette réflexion sur la citoyenneté comme fondement de l'interdiction du voile intégral. L'idée, là aussi, est que la dissimulation du visage «remet en cause l'ordre symbolique de notre société». Il existerait «un principe plus large qui fonde symboliquement l'ordre démocratique, à savoir la possibilité des échanges généralisés et égalitaires entre tous les membres de la société, quels que soient leur origine, leur sexe ou leur condition sociale : tous peuvent se rencontrer, tous peuvent se parler, tous peuvent s'épouser. C'est un principe fondamental dans la mesure où il transpose dans l'ordre social la vocation universelle de la citoyenneté. Lorsque la citoyenneté est la source de la légitimité politique et du lien social, tous les individus ont un droit égal de participer aux institutions communes et d'entrer en relation avec les autres, avec tous les autres, en entretenant des relations réciproques et égalitaires. [...] Puisque nous sommes tous égaux, la possibilité de toutes les formes d'échanges est inscrite dans les principes mêmes de notre organisation sociale[1] ». Pour la sociologue, il doit y avoir correspondance entre nos principes politiques et notre mode d'organisation sociale : parce que nous sommes démocrates, nous ne pouvons renoncer à la transcription sociale du fait que nous sommes tous également citoyens et tous également disposés à interagir.

Deux arguments, juridique et sociologique, peuvent être opposés à cette proposition d'interdiction sur le fondement de la citoyenneté. Sur le plan juridique, il est, ici aussi, utile de se tourner vers les deux juges auteurs de l'opinion dissidente de la décision de la CEDH sur la loi française : ceux-ci ont en effet contesté qu'il soit possible d'imposer à chaque individu un devoir d'être disponible à la communication dans l'espace public. Voici leur argument : « On peut difficilement prétendre que tout individu ait un droit d'entrer en contact avec d'autres personnes dans l'espace public contre la volonté de celles-ci. Sinon, pareil droit devrait avoir une obligation pour corollaire, ce qui serait incompatible avec l'esprit de la Convention. Si la communication est essentielle pour la vie en société, le droit au respect de la vie privée comprend également le droit de ne pas communiquer et de ne pas entrer en contact avec autrui dans l'espace public – en somme, le droit d'être un *outsider* » (paragraphe 8). L'argument est simple et directement contraire à celui de François Saint-Bonnet : les individus n'ont aucun devoir

1. Dominique SCHNAPPER, « Le port du voile intégral en France : une épreuve pour l'ordre démocratique », in *Quand la burqa passe à l'Ouest : enjeux éthiques, politiques et juridiques* ; sous la direction de David Koussens et Olivier Roy, Presses universitaires de Rennes, 2013, collection « Sciences des religions ».

particulier lié à leur citoyenneté, et singulièrement pas celui d'être disponibles à la communication. Le droit de se retirer du monde en ne communiquant avec personne, y compris dans l'espace social, ne souffre d'aucune limitation, hormis les nécessités de l'ordre public matériel.

Parallèlement, certains sociologues ont critiqué cette essentialisation du visage comme élément indispensable à la citoyenneté et dont la dissimulation porterait atteinte aux principes fondamentaux de notre démocratie. Voici ce que dit Raphaël Liogier sur ce point : « S'il ne s'agit pas là de préjugés à l'encontre de l'islam, mais d'une question de respect de nos valeurs, des principes qui régissent "notre" société, j'aimerais bien savoir lequel desdits principes a été transgressé par ces femmes, qui sont d'ailleurs surtout des jeunes filles. Refuser de montrer son visage en public serait, si l'on en croit certains de nos philosophes, une atteinte à ces valeurs sacrées sur lesquelles repose notre société. Depuis quand ? Pas depuis l'Antiquité, ni depuis le Moyen Âge, ni depuis la Révolution française. Cacher son visage en public est devenu, par enchantement, contraire à nos principes universels à partir du moment où le voile musulman a été "trop" visible dans notre société, et seulement à ce moment-là[1]. » Selon cette argumentation, donc, le voile intégral ne remet pas en cause nos principes démocratiques et n'apparaît choquant que parce que l'islamophobie dominante lui accorde une valeur négative.

Deux éléments peuvent être avancés en réponse à Raphaël Liogier. Tout d'abord, le voile intégral a conduit à s'interroger pour la première fois sur la valeur à accorder au visage

1. Raphaël LIOGIER, « Le voile intégral comme *trend* hypermoderne », art. cit.

pour la simple et bonne raison que personne en France, jusqu'à présent, n'avait entrepris de le dissimuler de manière permanente dans l'espace public, en dehors de certaines occasions très codifiées, comme les carnavals. Que des voiles intégraux aient été portés à Alger pendant la période coloniale reste un argument sans valeur puisque – précisément – les colonies françaises, dont l'Algérie, n'ont jamais été autre chose, au-delà de leur statut juridique de départements, que des colonies, c'est-à-dire des territoires conquis illégalement par la France au regard du droit des peuples à disposer d'eux-mêmes. C'est bien parce qu'il y a un fait social nouveau sur le territoire français que nous sommes conduits à nous interroger sur la valeur spécifique que nous pouvons accorder au visage dans les relations sociales.

On peut aussi rétorquer à Raphaël Liogier qu'il sous-estime gravement la sensibilité politique aux signes religieux, particulièrement en France. Les propos tenus en 1792 par le député Torné sur les vêtements ecclésiastiques, dont notre deuxième chapitre s'est fait l'écho, illustrent combien l'épisode révolutionnaire a constitué un intense moment de politisation du vêtement. Du projet d'interdiction des vêtements ecclésiastiques à la constitution des « sans-culottes » comme groupe d'activistes révolutionnaires, tout cet épisode fondateur est informé par le fait social que le vêtement, religieux ou non, a un sens politique. Si les passions révolutionnaires se sont considérablement refroidies depuis 1792, il ne nous semble pas injustifié d'avancer l'idée selon laquelle cette perception des signes religieux comme pouvant avoir un caractère politique demeure prégnante en France. Nous renvoyons ici aux pages de notre deuxième chapitre sur la persistance de l'idéologie laïciste en France.

Pour clore cette discussion sur les raisons qui peuvent

expliquer la gêne ressentie à la vue du voile intégral, nous proposons deux conclusions au lecteur. En premier lieu, il semble possible d'accorder une certaine validité à l'argument de la citoyenneté : parce que nous souhaitons constituer une société démocratique, qui se gouverne par la délibération publique, l'échange d'arguments et la participation la plus large possible des citoyens à la décision commune, nous ressentons le port du voile intégral comme contraire à cet objectif en ce qu'il manifeste le refus de s'afficher disponible à la communication et à l'échange avec les autres citoyens. À la fin de notre premier chapitre consacré au concept d'islamophobie, nous nous interrogions sur la légitimité d'une société démocratique à exclure certaines pratiques parce qu'elles s'opposeraient à ses principes fondamentaux : l'argument de la citoyenneté y répond positivement. Une démocratie est légitimée à interdire la dissimulation du visage, ce comportement allant à l'encontre des principes d'ouverture et de disponibilité à la communication qui constituent le fondement de son projet politique.

L'autre élément de conclusion partielle va dans le sens opposé : si dérangeant que soit le voile intégral, il ne justifie pas l'adoption d'une loi, tout d'abord parce qu'il n'y en a pas beaucoup sur le territoire, ensuite parce que cette solution flatte certains travers français, dont le refus d'assumer la diversité de la population. Ainsi, quand bien même la gêne occasionnée par le voile intégral serait justifiée, elle ne doit pas conduire la République à abandonner ses principes en refusant à certaines citoyennes le droit de pratiquer leur religion et de porter le vêtement de leur choix : il appartient à la majorité des citoyens de tolérer une pratique extrêmement minoritaire, potentiellement choquante, mais inoffensive et protégée par nos principes fondamentaux. Voilà des arguments que nous allons approfondir en considérant les motifs de cette pratique religieuse.

Enquête sur les motifs

Pourquoi donc ces femmes portent-elles le voile intégral ? Il est important de noter dès à présent que c'est sur ce point que les faits relevés accréditent le plus la thèse de l'islamophobie. En effet, le fossé entre les motifs invoqués par les acteurs politiques et ceux exprimés par les femmes qui portent le voile intégral apparaît très large, voire béant. Alors que les députés de la mission d'information parlementaire, au cours des débats de l'année 2009, ont fait référence à de nombreuses reprises au mouvement afghan des talibans et affirmé que le port du voile intégral était le fait d'une domination des femmes par les hommes[1], les motifs réels de cette pratique apparaissent bien plus complexes. Ce fossé pourrait bien être une manifestation pure de l'islamophobie des élites politiques, médiatiques et intellectuelles françaises : ces dernières expliquent le comportement de femmes qu'elles n'ont jamais rencontrées en reproduisant un discours préconstruit et dominant sur les dangers de l'islamisme et le statut des femmes dans l'islam. Il n'y a aucune place pour le recueil d'informations sur les motifs authentiques de celles qui portent le voile intégral. C'est aussi pour combler cette lacune qu'il importe de savoir pourquoi des Françaises le portent aujourd'hui.

1. D'ailleurs, la loi de 2010 a introduit un nouveau délit dans le cadre pénal, pour « dissimulation forcée du visage ». L'idée que ces croyantes étaient contraintes a eu beaucoup d'écho pendant le débat parlementaire.

Le premier élément de réponse qui s'impose est simple : ces femmes portent le voile intégral parce qu'elles estiment qu'il s'agit d'un commandement divin. Dans son étude, la sociologue Maryam Borghée explique que les femmes invoquent leur foi pour justifier le port de ce vêtement religieux. Pour la sociologue, le voile intégral est une pratique pleinement démocratique, qui résulte de l'actualisation par celles qui le portent de leur liberté de conscience : « Ces citoyennes françaises font un choix conscient et vraisemblablement assumé[1]. » Le fait le plus notable est que ces croyantes revendiquent de porter le voile intégral : elles ne le font pas par tradition ou pour respecter l'ordre familial, mais parce qu'elles y attachent de la valeur, en tant que croyantes musulmanes.

D'autres éléments descriptifs sont disponibles pour expliquer ce comportement religieux. Il n'est pas le fait de primo-arrivants mais de personnes qui sont nées en France, ayant des parents de confession musulmane ou chrétienne. Il s'agit de converties ou de personnes ayant effectué un parcours de « réislamisation », c'est-à-dire de retour à la religion musulmanc. Le voile intégral est souvent porté par opposition à la famille, même si celle-ci est d'origine musulmane. Dans ce cas, l'entourage peut désapprouver une religiosité si fervente et démonstratrice, presque toujours synonyme de relégation sociale.

Deux mouvances islamiques implantées en France – le salafisme et le Tabligh – enjoignent à leurs fidèles d'adopter cette pratique. Cependant une médiation locale – c'est-à-dire l'appartenance à une communauté constituée au plan

1. Maryam Borghée, *Voile intégral en France, sociologie d'un paradoxe*, *op. cit.*, p. 110.

local – n’est pas toujours nécessaire : un certain nombre de ces femmes sont influencées par les discours de prédicateurs salafistes implantés dans les pays arabes du Golfe et auxquels elles ont directement accès grâce à Internet. Il y a une dimension «bricolage» dans ce comportement religieux, qui est en partie le fait de femmes seules qui s’essaient à plusieurs types de pratiques. Par exemple, le port du voile intégral peut être un comportement stable dans le temps ou variable selon la disposition d’esprit des femmes concernées. Dans ce qui va suivre, nous allons nous intéresser aux motifs sociaux qui président à leur choix : cependant, au-delà de tout ce que pourront dire les sociologues, il importe de garder à l’esprit que le recours au voile intégral est d’abord une démarche religieuse.

Maryam Borghée explique le port du voile intégral par des causes sociales : les femmes qui le revêtent le font parce qu’elles sont dans une situation d’anomie, c’est-à-dire d’isolement, de solitude et de pauvreté. Le niqab leur apparaît comme le moyen de se rattacher à un ensemble de règles et de valeurs qui leur permettent de s’orienter dans l’existence et de restaurer leur estime de soi. Les éléments biographiques rassemblés par Maryam Borghée sur les jeunes femmes qu’elle a interrogées relèvent du registre du pathétique : pauvreté, échec scolaire, difficulté d’insertion dans l’emploi, viol, abandon et solitude – aucun des maux sociaux ne leur a été épargné. Voici, par exemple, l’histoire de Faustine, originaire de Bretagne : «Dès sa naissance, pour des raisons matérielles, elle est placée chez ses grands-parents. Elle ne reverra ses parents qu’à l’adolescence, tous deux devenus alcooliques et irascibles. Elle est abusée sexuellement par son père qui finit par la mettre dehors, sous le regard hébété d’une mère impuissante. Durant une période, elle dort dans des foyers d'urgence et dans la rue, où elle subira d'autres violences, jusqu'à son union avec un ancien ami musulman. L'islam est alors apparu, aux yeux de cette chrétienne messalisante, comme une religion bienfaitrice[1]. » Le voile intégral ne doit pas être uniquement envisagé sous l'angle du religieux, mais comme un phénomène social : les femmes qui le portent sont des victimes qui y voient un moyen de se reconstruire et de trouver une certaine stabilité dans l'existence.

Par ailleurs, le voile intégral peut aussi être compris comme un geste de défi à une société dont les valeurs et les pratiques sont rejetées. Selon Maryam Borghée, « adopter une tenue censée incarner le comble de la pudeur est un moyen de prendre le contre-pied radical d'une réalité proprement occidentale : l'érotisation sans limites du corps de la femme et la tyrannie de la transparence, vécues comme un déni de l'intime[2] ». Dans ce cas, le voile intégral est le vecteur d'un message adressé à la société environnante : en portant un tel vêtement ascétique, ces Françaises manifestent leur rejet d'une société consumériste reposant sur l'exploitation commerciale du désir sexuel et le voyeurisme le plus absolu.

Enfin, on peut lire un message politique dans le voile intégral : il s'agirait alors d'un geste volontairement provocateur adressé à une société française considérée comme raciste, islamophobe et surtout hypocrite car niant les droits de l'homme (et de la femme) qu'elle proclame en permanence. Selon Maryam Borghée, « c'est effectivement un sentiment d'exclusion qui peut conduire des femmes

1. *Ibid.*, p. 126.
2. *Ibid.*, p. 167.

voilées à jouer de leur discrimination et à faire de leurs tares présumées un choix personnel surinvesti. Le port du niqab est bel et bien un acte hors norme en France, et qui relève d'une divulgation volontaire, exhibant une islamité désormais recluse mais qui se veut assumée et suffisante[1] ». C'est le principe du «stigmate inversé» : se considérant comme victimes de l'islamophobie et de l'hypocrisie ambiantes, ces Françaises portent le voile intégral pour dénoncer l'oppression que leur impose une certaine République au nom de la laïcité.

Cette souffrance des citoyennes françaises de confession musulmane apparaît évidente lorsque l'on relie la question du voile simple, ou hijab, à celle du voile intégral. Pour les personnes interrogées par Maryam Borghée, la loi de 2004 qui a interdit les signes religieux au sein des établissements scolaires et, plus généralement, la perception sociale du hijab sont la manifestation du rejet par la société française de la religion musulmane. Pour la jeune femme Harmony[2], «leur lecture de la laïcité va à l'encontre de nos droits fondamentaux. Ils se plaignent de la montée du niqab mais ils en sont la cause! Même en découvrant le visage et les mains, juste en portant le voile, tu n'as aucune perspective d'avenir ici, tu ne peux pas travailler et, avec les études, c'est comme ci, comme ça». Selon la militante associative Faouzia Zebdi Ghorab, citée par Maryam Borghée[3], les femmes portant le voile intégral répondent ceci à celles qui souhaitent les convaincre de se rapprocher de la société française : «Vous, vous ne portez pas le voile intégral, vous portez le voile et

1. *Ibid.*, p. 143.
2. *Ibid.*, p. 140.
3. *Ibid.*, p. 139.

on voit votre visage, mais est-ce que ça a changé quelque chose pour vous ? Qu'est-ce que cela vous donne comme insertion politique ? Qu'est-ce que ça vous donne de plus qu'à nous ? » Quant à la loi de 2004 interdisant les signes religieux dans les enceintes scolaires, elle a conduit ces jeunes filles, selon Maryam Borghée, à se forger « la conviction que l'école de la République leur ôte leur islamité et qu'il faut donc choisir entre les valeurs des Français et les valeurs de l'islam[1] ».

De nombreuses interventions devant la mission parlementaire justifient cette accusation d'hypocrisie : ceux qui parlent au nom des droits de l'homme sont parfois les premiers à vouloir interdire aux croyantes de pratiquer leur foi en portant le foulard. Les propos des représentantes d'associations féministes sont particulièrement révélateurs. Annie Sugier[2], de la Ligue du droit international des femmes, s'adresse ainsi aux députés : « Dès 1989 [l'affaire des jeunes filles de Creil], nous nous sommes prononcés pour l'interdiction du voile dans l'espace public. Même s'il n'est qu'un symbole, le voile porte atteinte aux valeurs de notre société. D'ailleurs, les sociétés humaines sont construites sur des symboles. Le drapeau, l'hymne national d'un État en sont la représentation et lui donnent un sens. Le voile, tous les Français le comprennent, signifie la ségrégation et instaure un statut d'infériorité. Toute personne qui croit dans les valeurs de la République se sent agressée par le port du voile. » Voilà de bien curieuses féministes, qui défendent le droit des femmes en leur interdisant de pratiquer leur religion.

1. *Ibid.*, p. 147.
2. Compte rendu n° 3, séance du mercredi 15 juillet 2009.

Une telle vision du voile islamique nous semble assez commune en France. Un sondage annuel mené par la Commission nationale consultative des droits de l'homme[1] (CNCDH) révèle que, en 2012, 77 % des personnes interrogées estimaient que le foulard islamique posait un problème pour vivre en société[2]. Il n'est pas inutile de rappeler que Manuel Valls, à l'époque ministre de l'Intérieur, déclarait que « le voile, qui interdit aux femmes d'être ce qu'elles sont, restera pour moi et doit rester pour la République un combat essentiel[3] ». Ces éléments étaient l'idée que, à l'heure actuelle, le foulard est loin d'être banal, parce qu'il est considéré comme manifestant la soumission des femmes et la volonté de s'écarter des mœurs dominantes de la société française. En conséquence, la réaction des femmes musulmanes qui portent le voile intégral dans le but de provoquer une République qui se dit fondée sur les droits de l'homme mais qui nie régulièrement leur liberté de religion ne semble pas totalement infondée.

En dernier lieu, et bien que ce mot soit passablement galvaudé, il est possible de qualifier le voile intégral de signe identitaire : Raphaël Liogier analyse cette pratique comme la manifestation d'une subjectivité exacerbée, typique de l'ère « hypermoderne » dans laquelle nous entrons : « Ces jeunes filles [...] entendent être des musulmanes totales, si l'on veut, comme beaucoup de jeunes aujourd'hui entendent

1. La Commission nationale consultative des droits de l'homme est un organisme indépendant composé d'experts et de représentants syndicaux et associatifs : elle a un rôle uniquement consultatif et est saisie pour les projets de textes relatifs aux droits de l'homme.

2. *Rapport de la CNCDH sur la lutte contre le racisme, l'antisémitisme et la xénophobie pour 2012*, p. 23.

3. Jeudi 7 février 2013, station de radio Europe 1.

être totalement quelque chose, absolument différents, originaux et en même temps appartenir à un groupe, à un petit monde d'élus. Cette volonté d'appartenir totalement à un petit monde choisi, à un groupe, à une identité, est typique de l'hypermodernité. Certains quartiers, comme la rue Jean-Pierre-Timbaud à Paris, où les boutiques d'accessoires musulmans, les librairies "fondamentalistes" sont pléthore, deviennent, comme certaines rues gay, des lieux où il est de bon ton d'exhiber un style, de se montrer *plus-que-musulman*, musulman *hype*.» Ainsi, «ces femmes européennes qui décident de porter le voile intégral ne se refusent pas pour autant à faire du sport, à aller au cinéma, à sortir au restaurant, bien au contraire. Elles se veulent des croyantes modernes mais ascétiques, engagées dans une voie spirituelle rigoureuse. Si elles n'étaient pas d'origine maghrébine, subsaharienne ou pakistanaise, elles auraient pu choisir de devenir *gothic*, néobouddhistes, néohindouistes, de se lancer corps et âme dans un groupe *new age*, de devenir végétaliennes, de se teindre les cheveux en jaune paille, de faire dix heures de méditation par jour et de réciter des mantras[1]». Une fois encore, cette comparaison avec d'autres pratiques religieuses est censée nous éclairer sur le sens qu'il y a à donner à cette pratique «hypermoderne» : au lieu d'une démarche communautariste et intégriste, il s'agit de l'expression d'une subjectivité exacerbée en recherche de sens, qui parvient à un relatif équilibre en portant ce vêtement.

La principale conclusion de Raphaël Liogier est que, loin de marquer un retour à un traditionalisme religieux rétrograde, le voile intégral constitue une subversion

1. Raphaël LIOGIER, «Le voile intégral comme *trend* hypermoderne», art. cit.

subjectiviste au sein de la religion musulmane : en faisant de l'appartenance à l'islam le produit d'un choix individuel et non la résultante d'une appartenance sociale, il impose la liberté de conscience comme le seul fondement de l'appartenance religieuse. Ainsi, « paradoxalement donc, cette nouvelle radicalité, qui s'habille d'une certaine excentricité, ne traduit pas une résurgence de l'islamisme, mais plutôt son décrochage, sa perte d'audience relative dans les nouvelles générations de musulmans au profit d'une spiritualisation dépolitisée, qui n'existait pas à ce point dans les années 1980. Non pas infiltration islamique de la modernité donc, mais au contraire, et contrairement aux apparences, infiltration hypermoderne de l'islam. Le niqab fait aujourd'hui partie des objets religieux mondialisés qui se retrouvent non seulement en Europe mais aussi en Australie, aux États-Unis, au Canada, avec les mêmes profils d'individus qui entendent dire fièrement et ostensiblement avec leurs corps [...] : je suis musulmane ». Il y aurait donc quelque chose comme l'affirmation d'une fierté identitaire dans le port du voile intégral : « je suis musulmane, que cela vous plaise ou non », semblent nous dire les femmes qui portent ce vêtement religieux.

Hypothèse

L'ensemble des motifs possibles du port du voile intégral que nous venons d'analyser conduit à penser que ce comportement a une forte dimension « réactive » : ce vêtement est porté pour affirmer et imposer à une société islamophobe une islamité assumée et exacerbée ; il serait donc porté « en réaction » à un certain contexte social. Pour prolonger cette réflexion, il nous semble intéressant de reprendre l'hypothèse émise par le sociologue Philippe d'Iribarne dans un article sur «les singularités françaises dans l'intégration des immigrés[1]». Selon lui, l'insistance sur les droits de l'homme et le droit à la différence a eu pour effet d'affaiblir la légitimité du corps social à imposer ses propres valeurs et coutumes aux nouveaux citoyens issus de l'immigration. Elle a pu légitimer et renforcer le désir de certains citoyens issus de l'immigration de conserver une part importante de leur culture d'origine.

Cependant, alors que le discours dominant en France revendique la volonté d'ouverture et d'accueil, et légitime donc la manifestation des différences, il est probable que la majorité des citoyens français continue d'attendre de la part des nouveaux arrivants un effort d'intégration bien supérieur, c'est-à-dire concrètement de s'assimiler en substituant la culture française à la leur. Face à ce double discours, les descendants d'immigrés «ne comprennent pas les réactions qu'ils suscitent et en sont souvent indignés», selon les termes de Philippe d'Iribarne. Du fait des incompréhensions mutuelles sur ce qui est attendu des nouveaux citoyens, ces derniers se sentent perdus et rejetés. Ils trouvent dans une pratique religieuse radicale un moyen de signifier à la société française leur déception et leur rejet de ses valeurs, considérées comme hypocrites puisque non respectées dans la réalité. Il y aurait donc un message politique dans le port du voile intégral, et qui est d'ailleurs bien compris par ceux qui l'observent.

1. «Du rapport à l'autre, les singularités françaises dans l'intégration des immigrés», *Le Débat*, Gallimard, nº 129, 2004/2.

Déambulation statistique

Cette proposition d'explication est tentante, mais il est impossible de tirer des conclusions générales de quelques témoignages de femmes portant le voile intégral. Si l'on veut étayer l'hypothèse selon laquelle les tensions actuelles découlent d'un double discours contradictoire entre la proclamation des droits de l'homme et l'exigence implicite d'assimilation, d'autres éléments de preuve doivent être apportés. Tournons-nous donc vers les statistiques (tout en faisant un effort pour demeurer lisible et court !).

Le sondage annuel de la Commission nationale consultative des droits de l'homme publié en juin 2013 contient à cet égard de nombreux enseignements[1].

Le premier point notable, c'est que, d'une manière générale, les Français ne regardent pas la religion d'un très bon œil : seulement 39 % d'entre eux en ont une bonne opinion. Nous pensons qu'il est possible de relier cette hostilité à un certain pan de la tradition républicaine, qui voit souvent dans les religions un obstacle à l'émancipation des individus et à la bonne marche du progrès, comme nous avons pu le constater lors de notre discussion sur le laïcisme.

Le second enseignement est que la tradition assimilationniste française a encore de beaux restes. 94 % des personnes interrogées pensent que les étrangers venus s'installer en France doivent adopter les habitudes françaises. En application de ce principe, 56 % considèrent que l'intégration fonctionne mal actuellement et 60 % des sondés font porter

1. *Rapport de la CNCDH sur la lutte contre le racisme, l'antisémitisme et la xénophobie pour 2012.*

la responsabilité de ces ratés davantage sur les étrangers que sur la société française. Les auteurs de l'étude notent que cette opinion est étroitement corrélée avec l'âge et l'appartenance politique : les personnes âgées de droite attendent plus des étrangers que les jeunes de gauche. On assisterait donc à une diffusion certaine mais lente de la tolérance à la diversité et de la prise de conscience des responsabilités des Français « de souche » dans les difficultés des nouveaux arrivants.

Le troisième enseignement tient à l'image effectivement très mauvaise de la religion musulmane chez les Français : seulement 22 % des personnes interrogées ont une bonne opinion de cette religion – un résultat en chute de sept points entre 2011 et 2012. L'hostilité à l'islam dispose d'une dynamique propre par comparaison avec les autres minorités : la tendance négative très prononcée des sentiments vis-à-vis des musulmans et des Maghrébins contraste avec la stabilité de l'image des juifs et la faible amélioration de l'image des Noirs. Ce sondage confirme enfin l'importance du contexte politique médiatique dans la formation des opinions : les opinions des sondés réagissent étroitement aux péripéties du débat public. Ainsi, entre 2011 et 2012, l'hostilité à la prière des musulmans a augmenté de 23 % à 38 %, manifestement à cause de l'impact de la polémique déclenchée par Marine Le Pen à propos des prières de rue dans le XVIIIe arrondissement de Paris, rue Myrha.

D'après le rapport qui analyse ce sondage, « c'est parmi les sympathisants de droite, les personnes qui habitent dans les communes où la proportion d'étrangers est la plus faible et dans le Sud-Est que les opinions sont les plus négatives vis-à-vis de la religion musulmane ». À première vue, ces éléments laissent à penser que l'islamophobie n'est qu'une excroissance de la xénophobie : ceux qui n'aiment pas les musulmans sont aussi ceux qui ont peur des étrangers. Ils sont donc particulièrement nombreux au sein des populations de personnes âgées, qui n'ont jamais eu à vivre avec des personnes différentes. Le phénomène rassurant est alors que plus les Français vivent au contact de leurs compatriotes musulmans, plus ils sont tolérants et ouverts.

Cependant, une analyse plus fine met en lumière les ambivalences de l'islamophobie. Sur la base des résultats du sondage publié par la CNCDH, trois politologues, Nonna Mayer, Guy Michelat et Vincent Tiberj, ont mené une étude plus approfondie. Ils identifient en particulier, au sein des personnes ayant une mauvaise image de l'islam, deux profils sensiblement différents. Il existe d'abord un profil d'« extrême droite » cohérent, qui manifeste une hostilité générale aux étrangers et une préférence pour les régimes autoritaires. Les trois chercheurs mettent aussi au jour un profil d'islamophobe qu'on pourrait dire de « gauche », sensible à la lutte contre les discriminations et le racisme, et accueillant à l'égard des étrangers, mais présentant une attitude négative et très spécifique vis-à-vis de l'islam. Pour reprendre les termes des politologues, « même en recul, cette catégorie des "islamophobes non ethnocentristes" est toutefois intéressante. Elle est un peu plus diplômée que la moyenne, plutôt moins à droite. Les personnes qui en font partie ne se considèrent pas comme racistes et ont des notes basses sur toutes les échelles, pas seulement sur celle de l'ethnocentrisme. Elles ne considèrent pas les minorités comme des groupes à part (échelle d'anticommunautarisme), n'estiment pas que les immigrés et leurs enfants bénéficient d'avantages particuliers dans la société française (échelle de favoritisme). Au contraire elles jugent graves les comportements racistes que ces derniers subissent (échelle de sensibilité aux discriminations). Elles ne croient pas à l'existence de races humaines (racisme biologique). Et on les trouve surtout chez les personnes qui ont les scores les plus bas sur notre échelle d'autoritarisme[1] ».

L'image de l'islamophobie qui ressort de cette étude est donc contrastée. D'une certaine manière, l'islamophobie n'est que la manifestation la plus récente de la permanente hostilité vis-à-vis des étrangers et des minorités, comme le prouve le fait que les personnes âgées sont le plus opposées aux personnes de confession musulmane. Les jeunes, plus habitués à fréquenter leurs concitoyens musulmans, leur sont relativement moins opposés. D'autres éléments vont cependant dans le sens d'une spécificité de l'islamophobie par rapport au racisme et à la xénophobie : d'une part, il existe un consensus massif au sein de la population française sur le caractère gênant de certaines pratiques propres à la religion musulmane, comme le foulard ; d'autre part, tous les islamophobes ne sont pas racistes : il existe un profil de Français ouvert, tolérant et éduqué qui manifeste une hostilité spécifique vis-à-vis de la religion musulmane, ou du moins de certaines de ses pratiques.

Il demeure tout à fait possible de dire que cette « islamophobie éclairée » résulte de la construction par les élites et le système médiatique d'une image fantasmée de la religion musulmane, comme étant incompatible avec la démocratie et les droits des femmes. Cependant, les éléments que nous

1. *Ibid.*, p. 46. Cependant, dans le rapport 2014, les mêmes auteurs notent une différence de fond entre ces deux formes d'islamophobie : la première rejette l'islam en bloc ; l'autre ne considère négativement que certaines pratiques, comme le foulard islamique.

avons mis en lumière autorisent à penser que, si cette « islamophobie éclairée » bénéficie d'un certain succès, c'est parce qu'elle s'insère dans le cadre de la tradition républicaine et récupère ses thèmes centraux, comme l'égalité des droits ou l'émancipation des individus. En cela, l'« islamophobie éclairée » diffère sensiblement – dans ses motifs mais peut-être pas dans ses effets – du racisme et de la xénophobie : elle ne se place pas dans un cadre de pensée différentialiste, selon lequel le musulman serait un étranger, mais dans un cadre progressiste et émancipateur qui amène à considérer certaines manifestations de la religion musulmane comme menaçantes. Il faut ici prendre la mesure de la spécificité du problème : une part importante de la population qui a peur de l'islam ne fait pas reposer son sentiment sur la haine de l'étranger, mais sur des convictions universalistes et émancipatrices. À tort ou à raison, l'islam est considéré comme une religion conquérante et menaçante pour les libertés.

Dans ce contexte d'hostilité croissante à la religion musulmane, que peut-on dire du comportement des Français de confession musulmane ? Sur cette question, nous disposons d'une contribution qui fait le tour de la question : en 2005, les politologues Sylvain Brouard et Vincent Tiberj ont publié un ouvrage intitulé *Français comme les autres ? Enquête sur les citoyens d'origine maghrébine, africaine et turque*. Ils ont systématiquement comparé les opinions d'un groupe représentatif de mille trois citoyens français, nés dans un pays étranger ou ayant des parents d'origine immigrée, avec celles d'un échantillon de la population française dans son ensemble. Il s'agit de voir si les citoyens d'origine immigrée se comportent de manière différente des autres Français, s'ils sont bien des *Français comme les autres*.

La conclusion principale est rassurante : les Français d'origine immigrée ne se comportent pas de manière significativement différente des autres Français. En particulier, on ne peut pas parler de communautarisme ou de volonté de se retirer du reste de la société : à la question « De quel groupe vous sentez-vous proche », 85 % des personnes de l'échantillon immigré estiment qu'elles sont proches des « Français en général » ; le taux de réponse positive est de 84 % pour l'échantillon témoin représentatif de la population dans son ensemble[1]. On n'observe pas ici de volonté de rester à la marge du reste de la société. En particulier, la proximité avec les Français ne dépend pas de l'appartenance religieuse ou de la proximité avec le pays d'origine. Selon les deux auteurs, « globalement, les identifications transnationales, religieuses ou minoritaires ne sont pas des alternatives. Elles ne relâchent pas le lien national. La question religieuse en particulier constitue une dimension complètement indépendante de celle de la proximité avec la France. Les proximités religieuses, transnationales, minoritaires, locales s'articulent avec la dimension nationale plutôt qu'elles ne s'y opposent[2] ». Cette conclusion est importante : elle doit nous conduire à prendre avec beaucoup de distance les arguments de ceux qui nous invitent à opposer appartenance nationale et appartenance religieuse ; chez les personnes d'origine immigrée, leur conciliation ne pose pas de difficulté particulière.

Sur le plan des opinions, les Français d'origine immigrée sont aussi des Français comme les autres. Ils placent le

1. Sylvain BROUARD, Vincent TIBERJ, *Français comme les autres ? Enquête sur les citoyens d'origine maghrébine, africaine et turque*, Presses de Sciences po, 2005, p. 124.

2. *Ibid.*, p. 127.

chômage et les sujets économiques en tête de leurs préoccupations politiques, loin devant l'intégration. Ils sont tout autant attachés à la démocratie que leurs compatriotes, mais tout aussi défiants envers le personnel politique. Plus généralement, les Français d'origine immigrée sont aussi divisés que les autres Français : ils se partagent entre gauche et droite, entre religieux et athées et entre riches et pauvres. La principale erreur serait donc de les traiter comme un groupe homogène, fondé sur une identité propre et exclusive.

Cependant, une tendance distingue les personnes d'origine immigrée du reste des Français. Cette variable est religieuse : Sylvain Brouard et Vincent Tiberj confirment l'existence d'un processus de réislamisation des jeunes nés en France mais ayant des parents d'origine immigrée. Alors que la pratique religieuse ne cesse de décroître au sein de la population générale, un notable regain religieux distingue cette population. Ainsi, « ces résultats indiquent que, d'une part, les jeunes sont plus religieux aujourd'hui qu'il y a une quinzaine d'années et que, d'autre part, en une dizaine d'années, dans une même génération, l'appartenance à la confession musulmane a progressé de manière significative. Ces indices sont convergents avec nos précédents résultats et accréditent l'idée de l'existence d'un phénomène de réislamisation en France[1] ». L'identification religieuse progresse chez les Français d'origine immigrée, et particulièrement chez les jeunes.

D'autre part, le facteur religieux est associé, non pas à un retrait de la vie sociale, mais à une attitude plus critique vis-à-vis de la société française. Pour le comprendre, il est

1. *Ibid.*, p. 31.

intéressant de se pencher sur le problème de l'intégration. Dans leur ouvrage, les politologues posent deux questions : l'une sur l'état actuel de l'intégration et l'autre sur la responsabilité des difficultés actuelles de l'intégration. Au sein de l'échantillon représentatif de la société française, l'image de l'islam est le principal déterminant de l'appréciation de l'état de l'intégration et de la responsabilité des personnes immigrées dans leurs difficultés. Ainsi, «la responsabilité des personnes d'origine étrangère dans les difficultés d'intégration est étroitement associée à un rejet de l'islam dans la population française. Selon une logique symétrique, les Français originaires d'Afrique ou de Turquie, positifs sur l'islam, incriminent plus que les autres la société pour expliquer les difficultés d'intégration[1] ».

De nombreux Français, ayant une image très négative de l'islam, en déduisent que l'intégration des musulmans est plus difficile, voire impossible. Cette opinion n'est pas sans conséquences sur les sentiments des Français d'origine immigrée et de confession musulmane. En particulier, les jeunes – classe d'âge, on l'a vu, la plus concernée par le phénomène de réislamisation – sont les plus sensibles aux discriminations et incriminent le plus souvent la société pour les échecs de l'intégration : «Les plus jeunes pensent que l'intégration est plutôt difficile ou très difficile, et avant tout du fait de la société.» Pour Sylvain Brouard et Vincent Tiberj, il existe un lien entre difficulté d'intégration, rejet de l'islam et réislamisation des jeunes : à mesure que les espoirs placés dans l'éducation et le travail pour intégrer la société sont déçus en raison de l'islamophobie dominante, les jeunes trouvent dans la religion une compensation.

1. *Ibid.*, p. 111.

Pour les politologues, « la réislamisation constitue l'une des modalités des comportements protestataires[1] ».

Cette étude statistique confirme les conclusions auxquelles nous avons abouti par l'étude du voile intégral. Il existe bien au sein de la société une anxiété particulière vis-à-vis de l'islam et il est possible de considérer le retour à l'islam parmi les descendants d'immigrés comme une manière de manifester sa déception et sa rancœur face à une société hypocrite, qui ne respecte pas ses valeurs d'ouverture et d'égalité. Les politologues soulignent l'effet autoréalisateur de ces perceptions : même si le problème de l'intégration n'a, à l'origine, aucun lien avec l'islam – les musulmans immigrés ne réclament aucune dérogation par rapport aux règles communes et ne souhaitent pas vivre en vase clos –, le fait qu'il soit analysé sous l'angle religieux renvoie les personnes à leurs identités religieuses et les fortifie, ce qui ne fait que confirmer le préjugé initial erroné. Il y a là un cercle vicieux : islamophobie – rejet – réislamisation. Ainsi, « il apparaît que la question de l'intégration est d'abord une interrogation sur la place de l'islam en France. Cette focalisation sur l'islam, dans les deux échantillons étudiés, recèle des effets potentiels éminemment négatifs pour la société française. Elle risque de contribuer à pérenniser l'appréhension des enjeux d'immigration, d'intégration et de représentation des minorités visibles par le biais de la question religieuse, alors même que celle-ci n'est paradoxalement pas au cœur des revendications politiques des individus. Plus encore, elle est à même de favoriser la transformation de ce qui n'est qu'une connotation religieuse des revendications en structuration véritable des rapports collectifs sur une base religieuse, ce

1. *Ibid.*, p. 37.

qui n'est, somme toute, pas encore le cas aujourd'hui chez les Français issus de l'immigration africaine et turque[1] ». Rédigées en 2005, ces conclusions ont un caractère véritablement prophétique.

Ces rapides éléments statistiques confirment apparemment notre hypothèse de travail. Même s'il est impossible d'identifier avec certitude les motifs d'une pratique religieuse, il semble possible de dire qu'une partie des Français musulmans développent une forte religiosité par réaction à un environnement qu'ils perçoivent comme hostile. Cette hostilité du reste de la société peut être partiellement considérée comme de la xénophobie. Cependant, il existe aussi une composante républicaine à la gêne que ressentent certains Français à la vue des signes religieux musulmans, et en particulier du foulard : ces signes religieux apparaissent en contradiction avec la vision de l'émancipation portée par la tradition républicaine et avec le contrat social implicite qui constitue la France, aux termes duquel il est attendu que le nouvel arrivant adopte la culture de sa nouvelle société et garde sa religion pour lui.

La conclusion que tirent de nombreux commentateurs de cette analyse est que la culture républicaine est bien la principale responsable des malheurs actuels de la France. La pacification des tensions exige une « relaxation » des exigences républicaines, assimilatrices et uniformisantes : il faut accorder aux Français de confession musulmane une plus grande marge de liberté dans leur vie de tous les jours et dans leurs interactions sociales, dans le monde du travail et au contact des services publics. L'exemple des États-Unis

1. *Ibid.*, p. 137.

est alors souvent invoqué, comme le signe qu'une société moderne, ouverte et pluraliste, n'a rien à perdre à permettre à ceux qui la rejoignent de préserver certains éléments de leur culture d'origine et à considérer comme normale la manifestation publique des signes religieux.

Les réponses des défenseurs de la tradition républicaine à cette proposition sont bien connues et nourrissent le débat public depuis maintenant plusieurs décennies. Pour eux, les problèmes de l'intégration résultent au contraire de l'affaiblissement des principes républicains : c'est parce que l'exigence assimilatrice a été abandonnée, ridiculisée et rendue impossible par la lente décrépitude de l'école publique que l'intégration connaît des ratés. En outre, l'adoption du différentialisme à l'anglo-saxonne conduit immanquablement au communautarisme, c'est-à-dire à la scission progressive de la société en communautés rendant impossible toute émancipation effective des individus.

Il n'est pas possible de poursuivre cette discussion sur les mérites et les défauts du communautarisme sans prendre en compte l'élément fondamental qui distingue les pays d'Europe des États-Unis. En effet, les nations européennes ont entrepris de dépasser le cadre historique de la nation pour construire une nouvelle entité, l'Union européenne. Au contraire, les États-Unis constituent encore un État-nation. On en voit immédiatement l'avantage politique : au-delà de la multiplicité des origines, des cultures et des croyances qui fondent les différentes communautés, il existe un cadre commun qui rassemble les individus. Le patriotisme, tel qu'il est mis en scène aux États-Unis, est le contrepoids nécessaire à l'organisation de la société sous forme de communautés particulières.

Prendre en compte cette différence politique entre les

États-Unis et les pays européens change considérablement les termes du débat sur le communautarisme : le choix n'est plus entre une République française assimilatrice et uniformisatrice et une République américaine ouverte aux différences, mais entre une communauté politique fondée exclusivement sur les droits de l'homme – les États européens tels qu'ils se pensent et évoluent – et les États-Unis qui demeurent un État-nation. C'est à l'aune du rôle accordé à la nation qu'il convient d'arbitrer ces débats sur la nécessaire relaxation des exigences républicaines françaises, ce que nous allons maintenant faire.

5
La possibilité du cosmopolitisme

L'État cosmopolitique

Peut-on fonder une communauté politique exclusivement sur l'universel ? Peut-on vivre ensemble lorsqu'on ne partage plus que la démocratie et le droit de chacun à être différent ? Telles sont les questions que pose l'épisode du voile intégral. Y répondre exige d'apprécier le changement profond qui a affecté nos conceptions de la communauté politique. Avant les années 1980, nous vivions dans un État-nation ; aujourd'hui, la philosophie politique contemporaine nous enseigne que nous vivons dans un État cosmopolitique.

L'État cosmopolitique est ce qu'il reste de l'État-nation après la disparition de la nation, à savoir la structure même de l'État, les droits de l'homme et le processus décisionnel démocratique. L'effacement progressif de la nation a pour conséquence logique la revalorisation des droits de l'homme et de la démocratie comme substrat du lien politique. À partir du moment où il n'y a plus de nation, ce qui nous reste de commun est l'obéissance à l'État, la jouissance de nos droits et la participation au processus démocratique.

Ulrich Beck, sociologue allemand contemporain, est l'un

des promoteurs de cette nouvelle entité politique, dont il rend compte de la manière suivante : « L'Europe est inconcevable sur la base de l'homogénéité nationale. Homogénéité que les nations européennes elles-mêmes n'ont plus. Les tenants de la préservation des vieux États-nations doivent d'abord démontrer que ceux-ci existent encore et qu'ils ont maintenu des contenus nationaux dont sont exclus les autres. À les en croire, il existerait encore une France, une Allemagne, une Angleterre de cette sorte. Tel n'est pas le cas, ce qu'il existe désormais, c'est une nouvelle France, une nouvelle Allemagne, une nouvelle Angleterre, qui ne sont plus des États-nations mais des États transnationaux qui se sont cosmopolitisés de l'intérieur[1]. » Pour Ulrich Beck, le cosmopolitisme est donc avant tout un état de fait : nous croyons peut-être vivre dans une nation alors que nous vivons déjà dans une société cosmopolitique.

Les faits appuyant cette thèse sont pléthoriques : l'internationalisation des risques comme le réchauffement climatique ou le terrorisme, l'intégration des marchés des biens et des capitaux, l'interconnexion des différentes sociétés grâce aux nouvelles technologies, la solidarité internationale, les migrations, les diasporas, la culture musicale, les restaurants à sushis, le succès planétaire de *Fifty Shades of Grey* : notre environnement social nous renvoie en permanence à notre réalité cosmopolitique, c'est-à-dire au fait que le monde est immédiatement présent à la porte de notre immeuble ou de notre pavillon. Il nous est maintenant impossible de définir notre communauté politique par rapport au particulier – une histoire, une culture ou une

1. Ulrich Beck, « Comprendre l'Europe telle qu'elle est », *Le Débat*, Gallimard, 2004, n° 129.

religion particulière – étant donné que le monde dans sa totalité est présent au sein de notre société.

Au-delà de ce constat, qui milite en soi pour le dépassement de nos œillères nationales, l'État cosmopolitique résulte aussi d'une philosophie politique, c'est-à-dire d'un propos général sur l'être humain. Dans ce même article, Ulrich Beck décrit de la manière suivante les fondements anthropologiques et les conséquences sociologiques de l'État cosmopolitique qui éclôt actuellement sur le continent européen : « La conception européenne de l'humanité ne recouvre aucune définition concrète de ce que cela signifie d'être un humain. Elle ne le peut pas ; il est de son essence d'être anti-essentialiste. Au sens strict, elle est *a-humaine*, comme il est possible à quelqu'un d'être areligieux. L'idée européenne de l'homme s'est précisément forgée dans le rejet de toutes les conceptions naïves de l'humain qu'imposèrent la religion et la métaphysique moralisante. Il n'est donc pas accidentel que l'européanité reçoive d'abord une définition procédurale. Seule une définition pragmatico-politique peut exprimer cette essence a-humaine. L'envers de cette vacuité substantielle est la tolérance radicale et l'ouverture radicale. »

Reprenons ces propos. Pour Ulrich Beck, il est impossible de définir philosophiquement ce qui constituerait la nature humaine, sur des prémisses religieux ou métaphysiques. L'Europe est le continent qui a compris avant les autres cette vérité. À partir du moment où il est impossible de définir une essence de l'être humain – et partant une identité du citoyen européen –, seuls les procédures démocratiques et les droits de l'homme permettent de définir ce qui constitue la communauté politique européenne. L'Europe, composée par les différents États cosmopolitiques qui ont remplacé les vieux États-nations, est le lieu de l'universel incarné.

Cette proposition politique nous plonge au cœur de nos interrogations. Notre définition de l'humanité est-elle uniquement «procédurale» ou peut-elle être objectivée afin d'interdire certains comportements considérés comme contraires à la dignité? «La tolérance radicale et l'ouverture radicale» sont-elles toujours possibles et souhaitables lorsque l'on a affaire à des idéologies politiques et religieuses intolérantes? Comment s'intégrer aux sociétés européennes si leur caractéristique est de ne pas avoir de caractéristiques? À proprement parler, l'intégration n'est même plus nécessaire, puisqu'il suffit d'être *là*; l'exigence d'intégration est une violence faite au nouvel arrivant[1]. Enfin, pour tous les Français, comment se sentir appartenir à la France, si cette dernière n'est plus qu'un territoire, un «lieu-dit» sur la carte du monde?

Au-delà de ces questions, la séquence du voile intégral nous pousse à nous interroger sur la nature du lien politique : les droits de l'homme et la procédure démocratique sont-ils suffisants pour assurer le vivre-ensemble? Ou, au contraire, le lien politique a-t-il besoin du soutien d'une instance autre, comme la nation? Avant d'apporter des réponses, il convient d'approfondir ce passage de l'État-nation à l'État cosmopolitique. Pour ce faire, nous proposons un retour aux origines. En effet, comme nous l'avons vu, les partisans du cosmopolitisme entendent dépasser la nation. Aussi,

1. Ulrich Beck partage cette opinion : «On pourrait dire ironiquement qu'une politique cosmopolitique d'immigration devrait suivre la maxime suivante : nous refuserons tout étranger qui veut ou doit devenir comme moi, comme nous», in *Qu'est-ce que le Cosmopolitisme?*, Éditions Aubier, 2006, p. 133.

afin d'établir si ce dépassement est possible et opportun, il nous semble nécessaire de rappeler au préalable les raisons pour lesquelles les Européens ont créé les nations. Savoir pourquoi les nations sont apparues devrait aider à déterminer si l'on peut s'en passer.

Pourquoi la nation ?

La modernité politique est communément décrite comme un processus de sécularisation du pouvoir : à partir d'un certain moment, que l'on peut fixer au tournant des XVIIe et XVIIIe siècles, les Européens ont cessé de penser que le pouvoir venait de Dieu, au profit d'une conception libérale et égalitaire de la légitimité, selon laquelle les citoyens consentent à l'autorité de l'État parce qu'ils ont intérêt à ce qu'il garantisse leurs droits. C'est le moment du contrat social – acte juridique fictif qui symbolise la nouvelle légitimité fondée sur le consentement des citoyens. Ce qu'on appelle la modernité politique a consisté à substituer le consentement des citoyens à la religion comme fondement du pouvoir. À partir du moment où la religion n'est plus pensée comme le fondement du pouvoir, elle peut être rejetée du côté du privé : elle n'est plus que la simple manifestation de la liberté de conscience qui permet à chacun de croire ou de ne pas croire. L'autre conséquence majeure de ce mouvement est la neutralité du pouvoir étatique, qui n'a ni à se mettre sous l'autorité d'une religion ni à régir les pratiques de ses citoyens en ce domaine. Nous retrouvons là la définition de la laïcité, telle qu'elle a été exposée par les juristes aux députés de la mission d'information sur le voile intégral.

Dans un essai intitulé *La Raison des nations* et publié en 2006, le philosophe français contemporain Pierre Manent analyse cette naissance de la modernité sous un angle différent, puisqu'il ne prend pas en compte seulement la translation du principe de légitimité – de Dieu aux citoyens – mais aussi le cadre dans lequel elle se réalise. Selon lui, la neutralité de l'État à l'égard des religions et la proclamation de la liberté religieuse n'ont été possibles que parce que la nation est apparue pour satisfaire le désir d'appartenance des individus. C'est donc une analyse que l'on peut qualifier de non conventionnelle, et qui éclaire d'un jour nouveau le « pourquoi » de l'apparition des nations.

Écoutons-le : « Nous, Français, sommes particulièrement enclins à surestimer les pouvoirs de l'État laïque. Ce faisant, nous ne restons pas seulement prisonniers d'une histoire particulière, nous nous enfermons dans une compréhension très étroite de cette histoire même. Nous oublions que l'installation de l'État neutre et laïque suppose la formation préalable d'une nouvelle communauté sacrée, la nation précisément. L'État ne pouvait devenir neutre que si, au préalable, la nation française était devenue, pour la grande majorité des citoyens, la "communauté par excellence", succédant ainsi à l'Église. Pour que l'État laïque devînt possible, il était nécessaire que "la France" eût remplacé "la France toute catholique". Il était nécessaire que la proposition "je suis français" contînt la promesse d'un dévouement sans réserve à la nation et au peuple français.

« Dès lors que cette compréhension et ce sentiment de la nation ont été perdus ou délibérément abandonnés, souvent moqués, l'État laïque ne peut se maintenir, au reste pour un temps limité, qu'au prix d'une mise en scène de moins en moins plausible et de plus en plus désagréable, dont la jactance "républicaine" qui a accompagné l'interdiction du voile islamique dans les lycées donne une idée. L'État laïque ne peut survivre à l'État-nation. Sa neutralité repose sur sa "transcendance" et celle-ci dérive du fait qu'il est l'instrument, le "bras séculier", de la nation. Une fois la nation abandonnée comme communauté sacrée, l'État laïque est à son tour laïcisé et n'est plus qu'un des innombrables instruments de gouvernance dont j'ai décrit plus haut l'empilement. Les communautés jusque-là subordonnées à la nation s'en détachent et aspirent à se suffire à elles-mêmes[1].»

Le choix des termes est limpide : les religions et les nations forment deux «communautés sacrées»; les peuples européens n'ont quitté les unes que pour rejoindre les autres. Pour Pierre Manent, l'être humain a besoin d'une communauté humaine particulière qui satisfasse son désir d'appartenance, de reconnaissance et de solidarité. De cette définition de la nature humaine, il résulte que le conflit théologico-politique est permanent : religion et politique ne se confondent pas mais sont toujours en potentielle opposition car toutes deux répondent au désir de communion de l'individu.

En conséquence, la réponse qu'ont donnée les nations européennes à ce problème – la séparation des ordres sous la forme d'un État religieusement neutre et la consécration de la liberté religieuse – est plus fragile qu'il n'y paraît : sa stabilité est conditionnée au maintien de la nation comme communauté répondant à l'aspiration de l'individu au dépassement de soi. En définitive, pour Pierre Manent, la stabilité et le succès de l'État-nation s'expliquent par le fait

1. Pierre MANENT, *La Raison des nations. Réflexions sur la démocratie en Europe*, Gallimard, «L'esprit de la cité», p. 77.

qu'il a su répondre à deux aspirations fondamentales de la nature humaine : le désir de liberté et celui de communion.

Il est ici utile de faire un rapprochement entre l'analyse historique du processus de laïcisation proposée par Pierre Manent et la définition classique de la nation, telle que l'a formulée Ernest Renan. En effet, ce dernier file aussi la métaphore religieuse. Dans sa célèbre conférence *Qu'est-ce qu'une nation ?*, il définit celle-ci par deux caractéristiques : la volonté de vivre ensemble et un héritage historico-culturel. Ces deux éléments sont étroitement mêlés : l'héritage n'est pas génétique ; il ne se transmet pas naturellement. Le « vouloir vivre ensemble » traduit la volonté des membres de la nation d'assumer cet héritage, non pas sous l'angle patrimonial, mais sous l'angle politique. La question posée est : Acceptons-nous d'être jugés à l'aune des réalisations de nos prédécesseurs ? Voulons-nous être engagés par le passé ? Les membres de la nation sont ceux qui veulent assumer un héritage collectif et s'en montrer dignes.

Ces propriétés découlent de la définition que Renan donne de la nation : « Une nation est une âme, un principe spirituel. Deux choses qui, à vrai dire, n'en font qu'une constituent cette âme, ce principe spirituel. L'une est dans le passé, l'autre est dans le présent. L'une est la possession en commun d'un riche legs de souvenirs ; l'autre est le consentement actuel, le désir de vivre ensemble, la volonté de continuer à faire valoir l'héritage qu'on a reçu indivis. »

Ernest Renan poursuit ainsi : « L'homme, Messieurs, ne s'improvise pas. La nation, comme l'individu, est l'aboutissant d'un long passé d'efforts, de sacrifices et de dévouements. Le culte des ancêtres est de tous le plus légitime ; les ancêtres nous ont faits ce que nous sommes. Un passé héroïque, des grands hommes, de la gloire (j'entends de la véritable), voilà le capital social sur lequel on assied une idée nationale. Avoir des gloires communes dans le passé, une volonté commune dans le présent ; avoir fait de grandes choses ensemble, vouloir en faire encore, voilà les conditions essentielles pour être un peuple. » On repère un vocabulaire commun entre Ernest Renan et Pierre Manent : la nation vient combler le désir de grandeur, de dépassement et de communion propre à l'être humain. Ainsi définie, la nation est compatible avec toutes les croyances individuelles. Cependant, il existe toujours une potentielle rivalité entre la nation et la religion, car toutes deux ont tendance à demander à l'individu le don de la totalité de son être.

Parole à la défense

C'est ici qu'il est intéressant de rapprocher les thèses de Pierre Manent et celles d'Ulrich Beck. En effet, le sociologue défend la thèse de l'inéluctable et souhaitable dépassement de la nation en analysant de manière identique la période historique qui a conduit à la laïcisation des États. Les enseignements qu'il tire de cette plongée dans l'histoire des XVIIe et XVIIIe siècles sont cependant radicalement différents.

Pour Ulrich Beck, de la même façon que les États européens se sont détachés de la religion au XVIIe siècle, ils vont se détacher de la nation au XXIe siècle. C'est seulement à ce moment qu'ils seront véritablement et pleinement neutres, puisqu'ils ne seront plus adossés à une culture particulière. Selon le sociologue allemand, « les traités de Westphalie mirent un terme aux guerres de Religion par la séparation de la religion et de l'État. Semblablement, le but ultime du projet européen que nous devons viser est la séparation de l'État et de la nation. Le cosmopolitisme ne signifie pas l'abolition de la nation, pas plus que les traités ne signèrent l'abolition de la religion. Cela signifie au contraire l'enchâssement constitutionnel du principe de tolérance nationale, culturelle, ethnique et religieuse[1] ». Dans l'Europe cosmopolitique, les nations ne disparaîtront pas, mais seront d'une certaine manière « privatisées », comme le fut la religion. Les habitants du continent européen conserveront, dans leur vie privée, une appartenance nationale et culturelle déterminée, mais, en tant que citoyen, seront amenés à interagir avec des personnes de culture et nationalité différentes. La nation perdra son caractère exclusif, pour devenir un élément parmi d'autres de l'identité des individus. C'est bien ce à quoi nous pensions lorsque nous évoquions, dans l'introduction, l'effacement progressif de la nation : cette dernière n'est déjà plus une organisation politique, mais un simple élément de l'identité des individus. Le vocabulaire de la souveraineté nationale a disparu pour laisser la place à celui de l'identité nationale : la nation ne compte plus en tant que communauté politique mais en tant que marqueur identitaire.

Au-delà de ces fortes divergences d'analyse historique, Ulrich Beck défend le cosmopolitisme sur des bases anthropologiques radicalement différentes. Alors que Pierre Manent accepte, à demi-mot peut-être, de parler d'une nature humaine sur le fondement de laquelle il serait possible de concevoir une sorte de religiosité naturelle, Ulrich Beck rejette ces théories essentialistes, qui sous-estiment grandement les transformations anthropologiques en cours.

1. Ulrich Beck, « Comprendre l'Europe telle qu'elle est », art. cit.

L'argument est simple : l'homme dont parle Pierre Manent, qui aurait besoin d'appartenir à une « communauté sacrée », n'existe plus. Notre expérience quotidienne d'Européens doit nous instruire du caractère historiquement dépassé du préjugé essentialiste du philosophe : plus personne n'aspire au dépassement de son être dans le don de soi à la religion ou à la nation. Le sacrifice de soi est devenu – et pour le meilleur – une idée totalement étrangère à la conscience de l'immense majorité des Européens. La défense de la nation par Pierre Manent est donc totalement dépassée.

Ainsi, l'État cosmopolitique est, pour reprendre les termes du sociologue, la forme politique qui correspond à la « seconde modernité ». Cette transformation, amorcée dans les années 1980, correspond à la sortie ultime de la religion, c'est-à-dire à l'abandon de ce qu'il restait de religieux au sein de la « première modernité », comme l'attachement exclusif à la nation. Cet attachement a sans doute été nécessaire pour permettre la sécularisation, mais doit maintenant être dépassé pour donner le jour à une communauté authentiquement fidèle aux principes égalitaires et universels des Lumières. L'individu nouveau aura bientôt cessé de vouloir se rattacher à une communauté exclusive, comme la nation : il se reconnaîtra uniquement comme un citoyen qui partage les valeurs universelles de la démocratie et des droits de l'homme, et qui sera donc en position d'interagir avec des interlocuteurs de toutes les origines.

L'Europe actuelle constitue le lieu de la mise en application de cette démocratie cosmopolitique et postnationale : le citoyen appartient à différentes communautés – locale, nationale et européenne – qui ne sont pas en concurrence mais s'appuient l'une sur l'autre. Il exerce sa souveraineté en commun avec les citoyens des autres nations. L'appartenance nationale a définitivement perdu son caractère central, exclusif et transcendant. L'une des caractéristiques de cet homme nouveau est qu'il a rompu avec son passé : loin d'être soumis au « culte des ancêtres » dont parle Ernest Renan, il est tout simplement incapable de comprendre les violences que se sont infligées les Européens dans les siècles passés, tant la perspective de devoir mourir pour sa nation ou sa religion lui est devenue étrangère. Libéré du passé, l'homme cosmopolitique peut regarder l'avenir avec confiance et déployer son énergie, non plus dans des conflits stériles, mais dans la poursuite de l'amélioration des conditions de vie des humains. L'homme cosmopolitique n'éprouve plus son courage et ne se soucie plus de son salut ; il entreprend.

Plusieurs regards sont possibles sur cet individu. Il peut être considéré comme la forme éthique ultime de l'individu, comme celui qui a compris que la seule communauté d'appartenance légitime est l'humanité et qu'il n'est pas de différence entre les êtres humains telle qu'il ne soit pas possible de vivre ensemble. Un regard plus critique verrait dans cet individu, au-delà de sa bonne conscience éthique et universaliste, la manifestation du *dernier homme* nietzschéen, qui a renoncé à la fois à la politique et à la religion, c'est-à-dire à toute perspective de dépassement de soi, et qui se contente de préserver son être pour la jouissance.

Les deux branches de l'alternative sont maintenant claires : soit l'État cosmopolitique suscite l'adhésion de tous les individus, précisément parce qu'il repose sur l'acceptation de toutes les religions, cultures et origines ; soit il échoue à satisfaire le désir d'appartenance des individus, justement parce qu'il refuse de se constituer en communauté politique particulière, ce qui laisserait le champ libre à tous les communautarismes religieux. La crainte ici exposée ne nous apparaît pas infondée : le dépassement des nations ne va-t-il pas conduire à un retour en arrière de l'Europe, au stade prénational, lorsqu'elle était structurée par les communautés religieuses ? Le lien intime qui unit le libéralisme aux nations peut-il être rompu si facilement ? La question philosophique devient : peut-on vivre ensemble sans transcendance commune ?

Sous le soleil du voile intégral

Que le voile intégral nous apprend-il sur la possibilité du cosmopolitisme ? Comment les éléments empiriques tirés de l'analyse de la séquence du voile intégral éclairent-ils cette série de questions ?

1° Cet épisode manifeste les limites de la tolérance de la société française à l'égard de la différence. Au regard de ses mœurs particulières et des valeurs qu'elle estime universelles, comme la dignité humaine, une grande majorité des Français ne parvient pas à pratiquer la tolérance radicale, qui, pour Ulrich Beck, est le comportement moral dérivant du cosmopolitisme. D'une certaine manière, la burqa relève de la catégorie du blasphème : celle qui porte un tel vêtement manifeste son rejet volontaire de l'ensemble des valeurs qui fondent le vivre-ensemble républicain ; c'est une insulte faite à la religion laïque française qui accepte la foi individuelle à condition qu'elle se fasse discrète dans l'espace public.

Le sociologue allemand répondrait probablement que le cosmopolitisme est encore à venir. L'épisode du voile intégral pourrait n'être qu'une résurgence de l'ancienne

Europe, nationale, fermée et exclusive, qui est appelée à disparaître. Bientôt, la société française deviendra pleinement cosmopolitique, ouverte à la différence et reconnaîtra le caractère liberticide de la loi interdisant le voile intégral. Il s'agit là d'une simple crispation identitaire temporaire, manifestation du combat entre l'ancien et le nouveau, entre le monde homogène de la nation et la diversité qui caractérise le cosmopolitisme.

2° La croissance actuelle de l'islam radical invaliderait les thèses d'Ulrich Beck en ce qu'elle manifeste le désir d'individus d'appartenir à une communauté forte. À partir du moment où la nation française ne s'assume plus et n'est plus décrite comme le sujet possible d'un tel investissement affectif, certains individus – d'origine immigrée ou non – se tournent vers la religion comme communauté de substitution. Les droits de l'homme et le cosmopolitisme ne constituent pas des éléments suffisamment forts et différenciés pour satisfaire le désir de communion des individus. L'ouverture à l'autre et les droits de l'homme ne suffisent pas à fonder une « communauté sacrée », selon les termes de Pierre Manent.

La réponse d'Ulrich Beck à cette objection serait probablement que ce phénomène demeure marginal et résulte principalement des manquements des sociétés européennes aux principes du cosmopolitisme. Certaines personnes se tournent vers l'islam radical pour la simple et bonne raison qu'elles sont rejetées par les sociétés européennes, qui demeurent trop attachées au modèle national et pas assez ouvertes à la différence. Cet argument est explicitement développé dans un autre ouvrage du sociologue – *Qu'est-ce que le cosmopolitisme ?*. Pour Ulrich Beck, « cette haine qui se cristallise chez ceux que les Européens ont mis à l'écart en raison de l'altérité de leur culture provient du fait que l'Europe, dans sa manière d'envisager ces personnes de culture autre, oublie et nie ses propres valeurs. C'est cette Europe amputée qui sème la déception, dont se nourrit la haine[1] ». C'est le rejet de l'autre qui génère son enfermement.

Nous ne voulons pas parler à la place d'Ulrich Beck, mais il est probable que ce dernier, s'il avait connaissance de ce qui a été dit sur le voile intégral, pointerait les effets profondément négatifs de la tradition républicaine sur l'intégration des Français d'origine étrangère. Comme nous l'avons vu, cette tradition comporte une composante hostile à la manifestation des différences et des religions dans l'espace public, ce qui génère de nombreuses incompréhensions et frustrations. La République, qui se dit en faveur de la liberté et porteuse de l'universel, ne fait qu'imposer un modèle culturel particulier, sans même en avoir conscience et tout en proclamant un universalisme de bon aloi.

Le sociologue allemand a d'ailleurs déjà dénoncé cette tendance à dissimuler le particulier sous l'universel. « Dans un seul et même mouvement, la majorité sublime sa propre ethnicité et fait de sa propre norme une norme universelle. [...] À l'égalité abstraite postulée correspond la pression qui s'exerce sur ceux qui sont d'une autre ethnie et qui leur enjoint de se plier à cette exigence d'égalité particulière, c'est-à-dire d'abandonner la position de la différence. Dans le cadre national, toutes les tentatives faites pour associer universalisme et particularisme aboutissent à la supposition, l'exigence impudente suivante : le véritable Noir est le non-Noir ; le véritable Juif est le non-Juif, ou la véritable femme est la femme non féminine. Dès lors, si

1. Ulrich Beck, *Qu'est-ce que le cosmopolitisme ?*, *op. cit.*, p. 325.

les Noirs, les Juifs, les Chinois, les Japonais, les femmes s'appellent noirs, juifs, chinois, japonais et femmes, alors ils sont non autorisés d'un point de vue théorique et philosophique, *has been*, prisonniers d'une structure conservatrice, d'une conception archaïque d'eux-mêmes[1]. »

Cette critique est particulièrement valable pour la République française. L'exigence d'assimilation doit en effet amener le nouvel arrivant à abandonner sa culture pour la culture française, et cela au nom de l'universel. Le bon juif est le non-juif, c'est-à-dire le juif qui a abandonné tout ce qui faisait de lui un juif. Les musulmans ne sont que les juifs d'aujourd'hui : dans la France actuelle, le musulman est accepté à la condition qu'il renonce à tout ce qui fait de lui un musulman. Si l'on suit Ulrich Beck, la bonne intégration des immigrants passe par l'abandon de cet universalisme en trompe-l'œil qui caractérise le républicanisme français contemporain.

3° En dernier lieu, il est possible de dire que l'épisode de la burqa met en lumière les contradictions de notre régime démocratique et libéral, qui entend assurer simultanément la pleine réalisation du vivre-ensemble et des droits de l'homme. Il apparaît que la compatibilité entre ces deux éléments n'est pas si évidente : le respect plein et entier des droits de l'homme peut avoir pour conséquence la destruction des règles communes sans lesquelles il n'est pas possible de vivre ensemble.

Il ne s'agit pas ici de se convertir à l'antilibéralisme en proposant de revenir sur l'ensemble des dispositifs assurant la garantie des droits, comme le contrôle de constitutionalité des lois par les juges, mais de prendre garde à ne pas

1. *Ibid.*, p. 108.

« trop charger la barque ». Les droits de l'homme constituent – et, espérons-le, pour longtemps – le fondement juste du pouvoir, mais faut-il élargir leur usage à celui de support du sentiment d'appartenance à une communauté ? Si la fonction de la nation est d'unir au-delà des différences, il est peu probable que les droits de l'homme puissent parvenir au même résultat dans la mesure où leur objet est précisément de protéger les différences de la pression de la majorité. Le sens de la communauté peut difficilement se fonder sur quelque chose qui sépare. La difficulté résulte de ce que les droits de l'homme ne sont pas une transcendance : ils permettent de délimiter la sphère dont chacun dispose pour manifester sa subjectivité mais ne peuvent constituer la référence commune qui transcende les différences de chacun et fonde la communauté en servant de support au sentiment d'appartenance. Cette fonction caractérise seule la nation. Savoir si l'on peut se passer d'un tel principe commun est la question brûlante de notre temps.

Les partisans du cosmopolitisme pourront objecter trois arguments à cette critique.

— Le premier porte sur le caractère séparateur, ou non, des droits de l'homme. En effet, la critique du cosmopolitisme se fonde sur l'allégation que les droits de l'homme sont essentiellement un instrument juridique qui sépare les individus : ils forment un bouclier autour de l'individu, menacé par la majorité qui souhaite lui imposer ses choix et ses valeurs. Les droits de l'homme seraient alors ceux de l'individu séparé, de l'homme retiré de la vie collective, qui souhaite jouir de sa subjectivité sans prendre en compte la société dans laquelle il vit. Il est cependant possible de considérer cette critique comme partielle et partiale. Les droits ne séparent pas seulement les hommes mais peuvent aussi les rapprocher. Par exemple, les droits protègent la liberté d'expression, le droit d'association et de réunion et le droit de vote. Ces libertés constituent le fondement de la démocratie et de la prise de décision collective. Loin d'opposer et d'isoler les hommes, ces droits sont des moyens essentiels par lesquels les citoyens de nos démocraties se mobilisent et pèsent sur leur destin collectif. En cela, insister sur le caractère séparateur des droits de l'homme est litigieux, car dissimulant un pan entier de la réalité politique de nos démocraties.

— Ici s'amorce le deuxième argument des promoteurs du cosmopolitisme. Pour ces derniers, il est certain que les défenseurs de la nation exagèrent les difficultés auxquelles sont confrontés les hommes pour régler leur cohabitation au moyen de la discussion démocratique. Nous l'avons vu : la nation peut être définie comme une transcendance, un principe commun qui unit les hommes au-delà de leurs différences sociales, culturelles ou religieuses. La défense de la nation a toujours en arrière-plan l'idée d'une fragilité constitutive du vivre-ensemble, qu'il conviendrait de dépasser en entretenant la fiction d'une «religion civique» unissant les citoyens. Les promoteurs du cosmopolitisme défendent au contraire l'idée selon laquelle un débat démocratique authentique, au cours duquel l'ensemble des parties impliquées ont l'opportunité de présenter leurs causes et leurs arguments, suffit pour établir des règles rationnelles, justes et acceptables par tous. Le cosmopolitisme repose sur une confiance élevée dans les vertus pacificatrices du débat démocratique.

À cet égard, la situation française actuelle ne doit pas conduire à rejeter comme utopique cet espoir élevé placé dans la discussion démocratique ; elle doit au contraire nous alerter sur le déséquilibre structurel de notre démocratie. Ce qui pose problème, ce n'est pas la pression de groupes fondamentalistes sur l'espace public, mais le fait qu'une partie notable de la population, d'origine immigrée et pratiquant la religion musulmane, est privée de tout accès à l'espace public. Il est frappant de constater qu'aucun des députés de la mission d'information parlementaire n'affichait, sinon une appartenance à la confession musulmane, au moins une connaissance authentique de l'expérience des immigrés et fils d'immigrés. Le débat sur le voile intégral s'est, dès son émergence, constitué sur le mode de l'accusation, sans jamais donner la parole aux femmes qui portent ce vêtement religieux, voire aux imams qui en prescrivent l'usage.

L'épisode de la burqa ne révèle pas les faiblesses de la démocratie, assaillie par les intégristes, mais le caractère fermé et excluant de la démocratie française, incapable d'insérer les nouvelles générations et les nouveaux arrivants. Ce qu'il faut changer, c'est notre système politique et électoral, afin qu'il soit en mesure de donner un égal accès à la parole à l'ensemble des groupes d'intérêt qui composent la société. Rendre la démocratie française plus inclusive et plus représentative, loin de l'affaiblir, renforcerait sa légitimité : elle serait alors bien le régime de tous les citoyens, et non le régime des citoyens bien installés. Les tensions actuelles relatives au vivre-ensemble ne résultent pas de la trop large place faite à l'expression des droits, au détriment de la nécessaire unité nationale, mais d'un fonctionnement peu satisfaisant de la démocratie française, qui rejette les nouveaux venus aux marges de la société – géographiquement dans les banlieues et politiquement par leur exclusion des instances de représentation et de décision.

— Considérons maintenant le troisième argument des

partisans du cosmopolitisme. Ces derniers peuvent invoquer le fait que les difficultés illustrées par l'épisode de la burqa ne résultent pas du dépassement de la nation, mais au contraire de ce que la démocratie se trouve actuellement encore *empêchée*, au sens premier du terme, par la nation. L'argument est ici à la fois sociologique et politique. Du point de vue sociologique, le voile intégral, avant d'être le signe d'un communautarisme religieux menaçant, est en réalité la manifestation d'une crise sociale. Comme le décrit la sociologue Maryam Borghée, les femmes qui portent ce type de vêtement sont dans un état d'anomie, de désespérance et de forte précarité. Le voile intégral constitue une sorte d'armature extérieure pour des personnalités faibles et blessées par la vie. Le problème fondamental posé par la burqa n'a donc fondamentalement rien à voir avec la religion, mais tout avec le social, c'est-à-dire avec la capacité des sociétés modernes à offrir à leurs membres un cadre permettant la réalisation de soi.

Selon ce point de vue, la crise sociale illustrée par le voile intégral résulte du décalage entre la sphère économique et la sphère politique. La désagrégation progressive des instances de protection des individus – la protection sociale, les syndicats ou l'emploi à vie garanti par les grandes industries – découle de l'hiatus entre le caractère mondialisé de l'économie capitaliste, capable d'imposer ses exigences à des nations en situation de concurrence les unes avec les autres, et la démocratie comme processus de décision collective encore ancré au niveau national. En d'autres termes, la procédure démocratique et les droits de l'homme ont perdu leur capacité à créer du lien social, non parce qu'ils se sont émancipés de la nation, mais parce qu'ils sont maintenant incapables d'obtenir des résultats face au grand marché mondial. La démocratie pluraliste et ouverte est capable de créer du lien si et seulement si elle est efficace, c'est-à-dire capable d'imposer ses exigences sociales aux flux économiques. Du point de vue des partisans du cosmopolitisme, la seule réponse plausible à la mondialisation du capitalisme est la mondialisation de la démocratie. Concrètement, la démocratie doit abandonner ce qui lui reste de national pour se penser au niveau européen et acquérir ainsi la possibilité d'imposer aux marchés les éléments minimaux de protection des individus. C'est cette différence d'échelle entre flux marchands et action politique qui explique aujourd'hui l'impotence de la démocratie et sa décrédibilisation aux yeux d'individus déboussolés, qui cherchent dans des idéologies faciles et grossières un réconfort et une perception renouvelée de la solidarité.

On le voit, la réponse à la question de la possibilité du cosmopolitisme est avant tout d'ordre philosophique : il faut porter un jugement sur ce qui tient le monde humain. Les solidarités horizontales, reposant sur des procédures de décision collective inclusives et des mécanismes d'assurance sociale, suffisent-elles à assurer le vivre-ensemble ou les êtres humains ont-ils besoin d'une verticalité qui transcende les différences et unisse les cœurs, de sorte qu'ils se sentent appartenir à la même communauté politique ? Le lien politique peut-il s'émanciper de toute transcendance ?

Pourquoi avons-nous des droits ?

Le lecteur doit probablement penser qu'il est temps d'esquisser des éléments de réponse. Cependant, avant de le faire, nous proposons un autre retour aux fondements, non pas historiques cette fois, mais philosophiques. C'est en effet à ce niveau que doit se trouver la réponse. Notre enquête porte sur la question de savoir s'il est possible et souhaitable d'abandonner la nation pour entrer dans l'ère du cosmopolitisme. Comme nous l'avons vu, la proposition cosmopolitique suppose que les droits de l'homme et la démocratie suffisent à assurer le vivre-ensemble. Pour que cette proposition soit vraie, il faut déjà que les individus pensent avoir des droits et en reconnaissent le bénéfice aux autres membres de la collectivité. Pour pouvoir affirmer la possibilité du cosmopolitisme, il faut démontrer l'universalité et l'évidence des droits de l'homme. Il faut dire pourquoi il est clair qu'il existe et existera toujours un consensus massif sur les droits de l'homme, puisque ces derniers seront élevés à la dignité suprême : ils seront ce qu'il nous restera de commun. La question à laquelle il faut trouver une réponse est donc : pourquoi sommes-nous convaincus d'avoir des droits ?

Cette question anime la pensée politique depuis que l'on a commencé à parler de droits, au tournant des XVIIe et XVIIIe siècles, avec le *Bill of Rights* anglais de 1689. L'une des réponses trouvées est que nous sommes convaincus d'avoir des droits parce que nous y avons intérêt. Tous les êtres humains, où qu'ils soient et quels qu'ils soient, ressentent instinctivement l'intérêt qu'il peut y avoir à bénéficier d'une protection juridique qui garantit la propriété, l'accès à un juge indépendant et impartial et une participation égalitaire au processus de décision politique. À cette évocation, nous ressentons l'intérêt des droits dans notre chair : une vie passée sous la menace permanente d'un pouvoir irresponsable, d'une justice aux ordres, et dans la crainte de se voir privé de ses biens serait totalement misérable. Dans ce cadre, il y a bien une naturalité des droits : ils correspondent aux intérêts les plus fondamentaux de la personne humaine.

Allons plus en avant. D'après la lecture qu'en fait le philosophe du XXe siècle Leo Strauss dans son ouvrage *Droit naturel et Histoire*, le philosophe anglais du XVIIe siècle Thomas Hobbes est le fondateur du libéralisme et de la doctrine des droits de l'homme. C'est lui qui le premier a théorisé la doctrine fondant la légitimité de l'État sur le consentement des membres du pacte social, en contrepartie de la protection de leurs droits. Ce faisant, Thomas Hobbes aurait ouvert la voie de la sécularisation du pouvoir, en substituant le consentement des citoyens au droit divin comme source de sa légitimité. Pour Leo Strauss, l'invention de Thomas Hobbes doit être remise dans son contexte – celui des guerres de Religion, qui avait rendu le consensus sur l'origine divine du pouvoir impossible, du fait des divisions entre les catholiques et les divers partis protestants.

Pour Thomas Hobbes tel qu'il a été lu par Leo Strauss dans *Droit naturel et Histoire*, puisque le consensus sur la légitimité de l'État ne peut plus reposer sur l'obligation religieuse, le consentement, pour être universel, ne peut surgir que d'une pulsion fondamentale, propre à tous les hommes quelles que soient leur force physique, leur intelligence ou leur position sociale. Cette pulsion universelle, c'est la peur de mourir, qui caractérise tous les hommes dans l'état de guerre de chacun contre chacun qu'est l'état de nature. Dans une telle situation, ils sont prêts à consentir à l'autorité de l'État car lui seul est à même de les délivrer de cette peur. C'est le moment du contrat social : les hommes renoncent à la liberté de l'état de nature pour se soumettre à l'autorité de l'État et jouir enfin de la sécurité. L'intérêt le plus fondamental de tous les êtres humains est de se maintenir en vie; par conséquent, le socle ultime de la légitimité de l'État est le droit à la vie : l'État est légitime car il arrête la guerre de tous contre tous et assure à chacun des membres de la communauté politique la jouissance de son existence.

Le développement ultérieur du libéralisme peut être compris comme le relâchement progressif des contraintes de l'État sur les individus, dans la stricte mesure où cela ne porte pas atteinte au dispositif originel. Le rôle de l'État est uniquement d'assurer la paix civile, toujours menacée, et de ne surtout pas prendre parti dans les querelles religieuses : c'est la laïcité, telle que définie par les juristes. De ce point de vue, toute société libérale est en situation de guerre civile froide. Les conflits et les haines qui la traversent sont simplement « congelés » par la puissance publique, mais jamais résolus ou dépassés. Les membres de cette société sont des agents rationnels, qui préfèrent voir leurs droits garantis que leurs idées triompher.

Avec Thomas Hobbes tel que lu par Leo Strauss, nous avons dit que le ressort du libéralisme réside dans la peur de mourir : les hommes quittent l'état de nature pour jouir de la sécurité plutôt que de continuer la lutte sanglante de chacun contre chacun. L'axiome fondamental du libéralisme est donc que les individus préfèrent vivre plutôt que de mourir pour leurs idées. Dans *Droit naturel et Histoire*, Leo Strauss conclut sa réflexion sur Hobbes en montrant qu'une seule force est capable de mettre en échec la peur de la mort – et donc le dispositif libéral : la foi. À partir du moment où un individu valorise plus le salut de son âme que sa survie et estime que son dieu attend de lui qu'il commette le martyre, il est rationnel pour lui de revenir à l'état de nature et de reprendre la guerre.

Voici ce que dit Leo Strauss à ce propos : «Hobbes ne voyait qu'une seule objection fondamentale à sa position. Mais celle-là, il en avait une conscience très vive et il fit tout ce qu'il put pour la réduire. Dans bien des cas, la peur de la mort violente s'avérait inférieure à celle des flammes de l'enfer ou à la crainte de Dieu. La difficulté est mise en avant dans deux passages très différents du *Léviathan* [l'ouvrage fondamental de Hobbes]. Dans le premier, Hobbes dit que la crainte du pouvoir des hommes (la peur de la mort violente) est "ordinairement" plus grande que celle du pouvoir d'"esprits invisibles", autrement dit de la religion. Dans le second, il dit que "la peur de l'obscurité et des fantômes est plus grande que les autres". Hobbes a vu un moyen de résoudre cette contradiction : la peur de puissances invisibles est plus forte que celle de la mort violente tant que les gens croient à des puissances invisibles, c'est-à-dire tant qu'ils sont sous le coup d'illusions sur le vrai caractère de la réalité ; la peur de la mort violente prend tout son effet dès que les gens sont affranchis. Cela implique que tout le système de Hobbes exige pour fonctionner la réduction ou mieux l'élimination de la crainte des puissances invisibles. Un changement d'orientation aussi radical ne peut s'opérer qu'en désensorcelant le monde, que par la diffusion de la connaissance scientifique ou par l'affranchissement des masses. La doctrine de Hobbes est la première à réclamer clairement et nécessairement une société complètement "affranchie", c'est-à-dire areligieuse ou athée, pour résoudre le problème politique ou social.»

L'objection de Strauss à Hobbes porte donc sur le pouvoir de la religion : parce que certains individus privilégient le salut de leur âme à la conservation de leur existence physique, ils sont susceptibles de relancer la guerre civile.

Comment ne pas aborder ici le cas de Mohammed Merah ? Si difficile qu'il soit d'avancer une tentative d'explication aux meurtres commis par ce jeune Français de confession musulmane contre ses compatriotes, parce qu'ils étaient militaires ou juifs, il semble possible d'affirmer que son cas va dans le sens de l'objection de Leo Strauss. Certaines personnes peuvent préférer mourir pour leurs convictions que préserver leur existence. Leur haine vis-à-vis de leurs ennemis et leur croyance dans les commandements de leur dieu peuvent les amener à commettre des crimes qu'ils pensent légitimes. En cela, il s'agit bien d'une logique de guerre civile : ils réfutent la loi première de l'État – tu ne tueras pas – pour accomplir ce qu'ils estiment être leur devoir religieux.

Soyons clairs : il ne s'agit pas de dire que la guerre civile est une menace, à court ou long terme, pour le continent européen. Le terrorisme, d'extrême gauche, d'extrême droite ou islamique, est une menace pour les démocraties occidentales depuis de nombreuses années et rien ne prouve que les massacres commis par Mohammed Merah en France ou Anders Breivik en Norvège soient la préfiguration d'un embrasement généralisé. Ces deux événements tragiques sont cependant intéressants en tant qu'ultimes développements de deux tendances en croissance sur le continent européen : la pratique radicale de l'islam et la dénonciation de l'islam comme une religion fondamentalement étrangère, conquérante et incompatible avec la démocratie. Ces idéologies, si elles se répandent, ne conduisent pas tous ceux qui les partagent à se faire terroristes ou à assassiner des jeunes socialistes. De même, malgré l'ampleur inattendue et particulièrement frappante du phénomène, le départ de jeunes hommes de toute origine sociale, culturelle et géographique pour la Syrie en vue d'y pratiquer le *djihad* ne doit pas être considéré de manière apocalyptique. Mais il souligne, si besoin était, la capacité qu'a la religion à embraser les âmes, particulièrement lorsqu'elles sont laissées en totale jachère.

Mais revenons à notre développement initial. Nous cherchons à savoir pourquoi nous avons des droits. Thomas Hobbes nous répond que nous partageons tous le même intérêt à vivre, et donc à nous reconnaître réciproquement le droit à la vie, garanti par la tutelle de l'État. Cependant, Leo Strauss a mis en lumière que la foi pouvait, à l'occasion, ruiner ce dispositif si elle conduit l'individu à préférer la guerre sainte à la préservation de son existence. Le libéralisme achoppe sur la notion de martyre.

La conclusion principale que l'on peut tirer de cette réflexion est que les droits de l'homme sont probablement incapables d'assumer à eux seuls la préservation du vivre-ensemble. En effet, si les droits ne sont que le masque juridique prêté aux intérêts fondamentaux des êtres humains, nous sommes amenés à conclure qu'ils ne sont probablement pas en mesure de lier les hommes. Les droits de l'homme sont bien ceux de l'homme séparé, qui entend les opposer à toutes les tentatives formulées par le groupe ou la majorité pour lui imposer ses normes et ses valeurs. Les droits de l'homme séparent car c'est leur fonction même : leur objet est de protéger les intérêts fondamentaux des individus contre les agressions extérieures et la pression majoritaire.

Si cette conclusion est valide, alors on comprend mieux la nécessité humaine de la nation, et les raisons de la construction historique des nations à partir du XVIIIe siècle. La nation tempère le libéralisme, en ajoutant ce qu'il est incapable de fonder : le lien politique et l'amitié entre les citoyens.

La construction des nations a bien été un processus historique – il n'existe pas d'identité nationale figée –, mais qui répondait à un besoin politique : la nécessité de dépasser ce qui sépare – les droits – pour fonder du commun. La question est de savoir si le motif de la création des nations perdure aujourd'hui ou si l'on peut s'en passer. Notre hypothèse est que l'approfondissement du libéralisme, au travers du cosmopolitisme, pourrait bien s'apparenter à un retour aux origines. Parce que nous sommes devenus pleinement modernes en abandonnant la nation, nous n'aurions jamais été si hobbesiens : nous vivons déjà dans un monde mené par l'intérêt et qui n'échappe à la guerre de tous contre tous que grâce à la pulsion qui nous réunit – la crainte de la mort. Perspective peu attrayante, à n'en pas douter.

Une autre théorie des droits

Mais le cosmopolitisme n'a pas dit son dernier mot ! Il est possible de justifier rationnellement les droits de l'homme en n'en faisant pas seulement l'expression juridique des intérêts des individus. Le philosophe contemporain allemand Jürgen Habermas a formulé, dans un livre intitulé *Droit et Démocratie : entre faits et normes* publié en 1992, une autre réponse à la question de savoir pourquoi nous avons des droits. Cette réponse est dans le droit-fil des arguments en faveur du cosmopolitisme – que Jürgen Habermas a par ailleurs défendu dans d'autres ouvrages – car elle ne sépare pas la démocratie des droits de l'homme : notre régime politique et notre régime juridique sont indissociables, car ils sont tous deux la manifestation d'un projet de société, dans laquelle les individus se comprennent et se reconnaissent mutuellement comme des porteurs de droits, en mesure d'élaborer collectivement leurs règles communes.

La démarche de Jürgen Habermas consiste en premier lieu à poser une nouvelle règle permettant de fonder la validité des normes. Il la formule ainsi : « Sont valides strictement les normes d'action sur lesquelles toutes les personnes susceptibles d'être concernées d'une façon ou d'une autre pourraient se mettre d'accord en tant que participants à des discussions rationnelles[1]. » La validité d'une règle dépend du fait qu'elle puisse être considérée comme acceptable rationnellement par l'ensemble des personnes concernées, à l'issue d'un processus communicationnel neutre et impartial, qui a donné à chacun la possibilité de présenter ses arguments. La légitimité d'une norme est alors procédurale : elle résulte du fait que le processus de discussion, qui a permis de juger de l'acceptabilité rationnelle de la norme, a respecté les règles précédemment décrites.

La seconde étape du raisonnement consiste à appliquer ce test d'« acceptabilité rationnelle de la norme » à la démocratie et aux droits de l'homme. La question est simple : la démocratie et les droits de l'homme sont-ils susceptibles de faire l'objet d'une entente rationnelle entre l'ensemble des personnes concernées ? Voici ce qui nous semble constituer le cœur du raisonnement de Jürgen Habermas : « L'idée décisive est que le principe démocratique est dû à l'intrication du principe de la discussion et de la forme juridique. Je comprends cette intrication comme une genèse logique des droits que l'on peut reconstruire pas à pas. Elle trouve son *point de départ* dans l'application du principe de la discussion au droit

1. *Droit et Démocratie : entre faits et normes*, Gallimard, 1997, « NRF Essais », p. 123.

– constitutif pour la forme juridique en tant que telle – aux libertés subjectives d'action, et son *terme* avec l'institutionnalisation juridique des conditions préalables à un exercice de l'autonomie politique ayant recours à la discussion, grâce auquel il devient possible de *conférer rétrospectivement la forme juridique à l'autonomie privée qui était initialement posée de manière abstraite*. D'où, le principe démocratique ne peut se manifester que comme le cœur d'un système des droits. La genèse logique de ces droits forme un *processus circulaire* dans lequel le code du droit et le mécanisme destiné à produire le droit légitime, donc le principe démocratique, se constituent co-originairement.»

Reprenons ces propos pour bien en saisir le sens. Le principe de discussion est l'instrument de validation d'une norme : une norme peut être dite valide si elle est acceptable rationnellement après discussion par l'ensemble des personnes concernées. La première étape consiste donc à soumettre les droits (le «droit aux libertés subjectives» ou le droit d'avoir des droits) au tamis de la discussion : c'est le «point de départ» de Jürgen Habermas. Dans cet extrait, Habermas ne s'étend pas sur la discussion elle-même, mais se concentre sur sa conclusion : les droits passent le test, si l'on peut dire, car ils sont acceptables rationnellement par toutes les personnes concernées. Le «terme» du raisonnement consiste à user de ces droits qui viennent d'être reconnus valables pour institutionnaliser «rétrospectivement» la procédure de discussion qui a été utilisée pour les valider. En effet, comme le note Jürgen Habermas, l'autonomie privée, qui est au fondement du principe de discussion, était «posée de manière abstraite». Le principe de discussion ne peut constituer une méthode acceptable de validation des normes que s'il est posé au départ que les personnes qui vont y participer sont autonomes, c'est-à-dire capables de se reconnaître comme les auteurs de leurs propres règles. La reconnaissance des droits vient confirmer la prémisse du raisonnement qui a permis de les valider. Comme le dit Habermas, «la genèse logique de ces droits forme un processus circulaire».

Si notre explicitation du raisonnement mené par Jürgen Habermas est conforme à ce qu'il a souhaité dire, il nous semble qu'il souffre d'un véritable problème : la fondation logique des droits et de la démocratie apparaît très proche de la tautologie. Dans cette situation abstraite, les individus auxquels on a prêté la capacité à discuter rationnellement et à se donner leurs propres règles – l'autonomie – sont capables d'aboutir, par une discussion rationnelle, à un accord sur l'organisation juridique et politique de leur société sur la base d'une reconnaissance de l'autonomie de chaque individu. En une phrase, les démocrates se sont convaincus qu'il est juste et légitime d'être démocrates. Le problème est que les démocrates ne sont capables que de convaincre leurs semblables.

En effet, que se passe-t-il lorsqu'une personne qui ne se reconnaît pas dans l'autonomie participe à cette discussion sur le fondement légitime du droit et du régime politique? On comprend facilement que si une personne croyante, qui estime que la loi de son dieu doit servir de fondement à la législation de son pays, participe à cette discussion, alors il est peu probable qu'elle parvienne aux mêmes conclusions que les autres participants. L'intervention de l'hétéronomie privée, c'est-à-dire le fait qu'un individu reconnaisse la loi de son dieu comme sa propre loi, met le raisonnement de Jürgen Habermas en difficulté : la perspective d'un accord rationnel sur le fondement du droit s'évanouit, étant donné l'incompatibilité entre les schémas mentaux des individus qui y participent.

De la sortie de la religion

Cette discussion de Thomas Hobbes et de Jürgen Habermas révèle que la religion pose un problème sérieux au cosmopolitisme. Rappelons ici les principaux éléments de notre démarche : selon la thèse d'Ulrich Beck, l'État cosmopolitique qui succède à l'État-nation ne peut être défini que de manière procédurale, c'est-à-dire qu'il abandonne toute particularité pour ne se définir qu'en référence aux principes universels et rationnels que sont les droits de l'homme et la démocratie. Nous avons soulevé l'objection qu'une telle forme politique n'est solide que si ses membres sont effectivement attachés à la démocratie et aux droits de l'homme. Si une partie significative de la population de l'État cosmopolitique commençait à les rejeter, sa stabilité en serait fortement affectée.

Par conséquent, nous avons cherché à savoir pourquoi nous sommes, à l'heure actuelle, convaincus d'avoir des droits : il s'agit de trouver un fondement rationnel et universel aux droits et à la démocratie afin de s'assurer de leur pérennité. Nous avons examiné deux propositions – celle de Hobbes et celle de Jürgen Habermas –, qui achoppent toutes deux sur le problème religieux. Si les droits reposent en toute dernière instance sur l'intérêt primordial que nous avons à vivre, il apparaît que cette fondation ne fait pas toujours le poids face au désir de sauver son âme, qui peut conduire – comme l'illustrent les cas de martyres religieux – certains croyants à sacrifier leur existence pour leur dieu. Si les droits et la démocratie reposent sur leur acceptation rationnelle par les personnes concernées, il est à craindre que tout croyant désireux d'imposer la loi de son dieu comme loi civile rende impossible la formation d'un consensus.

Le cosmopolitisme dispose cependant d'un argument important pour sa défense : il consiste à dire que nous sommes sortis, nous Européens, ou en voie de sortir, pour les pays musulmans par exemple, de la religion. Il s'agit là d'un argument qui relève de la philosophie de l'histoire : la période moderne correspond à la sortie de la religion, c'est-à-dire à sa perte progressive mais irrémédiable de toute pertinence politique. Si cet argument est vrai, alors toutes les objections que nous venons d'opposer aux différentes fondations des droits, et partant du cosmopolitisme, sont sans valeur.

Le philosophe contemporain français Marcel Gauchet a exposé avec le plus de force et de clarté la thèse de la sortie de la religion. Il l'a présentée dans un ouvrage publié en 1982 et intitulé *Le Désenchantement du monde : une histoire politique de la religion*. Avant toute chose, l'expression « sortie de la religion » doit s'entendre au niveau politique et non religieux : Marcel Gauchet ne proclame ni la mort de Dieu ni la disparition à venir de toutes les confessions et croyances. La sortie de la religion correspond à l'émancipation du politique vis-à-vis du religieux, c'est-à-dire à la fin de la structuration extérieure du politique par le religieux. Il s'agit du passage du registre de l'hétéronomie publique – lorsque la loi civile était dictée par référence à la loi divine – à celui de l'autonomie publique – lorsque l'ensemble des membres du corps civique se reconnaissent comme les auteurs de leur propre loi. Cette émancipation est indissociable de la montée de l'individualisme, c'est-à-dire du processus par lequel les modernes se reconnaissent comme des individus titulaires de droits et citoyens égaux.

Il faut pleinement mesurer les conséquences de cette thèse pour notre enquête sur la possibilité du cosmopolitisme. Si le religieux relève maintenant et exclusivement de la sphère privée, alors il n'est plus à craindre que des individus désireux d'imposer leur foi à leurs concitoyens réveillent la guerre de tous contre tous, à laquelle Hobbes a fait référence. De même, si chaque individu, croyant ou non, est en mesure de se reconnaître et de reconnaître des droits à ses semblables, alors l'émergence d'un consensus durable en faveur de la démocratie et des droits apparaît bien plus probable. Si nous sommes effectivement sortis de la religion, la possibilité du cosmopolitisme apparaît plus crédible.

Face à cette issue heureuse, les sceptiques mobiliseront en contre-argument la résurgence contemporaine du religieux. En invoquant un « retour du religieux », ils souligneront l'importance de phénomènes nouveaux et que peu d'analystes avaient anticipés, comme la vigueur de l'islam intégriste, la multiplication des sectes protestantes originaires des États-Unis ou l'émergence d'un communautarisme catholique dans les pays anciennement catholiques comme la France. L'ensemble de ces faits – du 11-Septembre à la mobilisation des citoyens français de religion catholique contre l'extension du mariage aux couples homosexuels – prouverait la caducité de la thèse de la sortie de la religion : le XXIe siècle sera religieux et les modernes qui prétendaient diriger les humains sans prendre en compte la religion en seront pour leurs frais. Dans un ouvrage plus récent intitulé *La Religion dans la démocratie* et publié en 1998, Marcel Gauchet a répondu aux partisans d'un « retour du religieux », en appliquant sa thèse initiale aux récents développements de l'actualité politique française. Deux points nous semblent devoir être retenus pour notre discussion.

1° D'une part, pour Marcel Gauchet, il existe comme une illusion d'optique qui conduit à parler de «retour du religieux», alors qu'il n'en est rien. Le philosophe estime que l'expulsion du religieux de la sphère publique a conduit à une survalorisation du politique, qui a pris la forme extrême des totalitarismes ou la forme plus modérée du nationalisme et du progressisme. Ces espérances séculières – la grandeur de la nation ou l'attente d'une futur meilleur – avaient pour fonction de dévaloriser l'espérance religieuse et de donner un statut supérieur au politique, afin qu'il puisse s'émanciper de la tutelle du religieux. Cependant, une fois la sortie de la religion pleinement achevée, les oripeaux religieux dont on a affublé l'État, la nation ou le progrès deviennent incompréhensibles pour les individus du XXIe siècle, voire franchement ridicules. La crispation de certains intellectuels et hommes politiques face aux religions résulte de leur désarroi face à la perte d'importance des grandes espérances politiques des XIXe et XXe siècles. La religion n'apparaît forte qu'aux yeux de ceux qui placent encore de grandes espérances dans le politique. Aujourd'hui, ceux qui prétendent que la laïcité est en danger en France n'ont tout simplement pas compris qu'ils avaient gagné depuis longtemps la bataille. Nul ne souhaite aujourd'hui imposer sa loi religieuse à la République : il n'y a pas de retour de la question théologico-politique.

Marcel Gauchet développe ainsi sa perception des mouvements actuels[1] : «Invisible et brutale, une onde dépressive

1. Marcel GAUCHET, *La Religion dans la démocratie*, Gallimard, 2001, «Folio Essais», p. 88 et 89.

surgie vers 1970 a entraîné la révision drastique des objectifs à la baisse, à tel degré que *les espoirs investis hier encore dans l'action collective nous sont devenus proprement incompréhensibles*. Sous cet angle, la redéfinition de la démocratie à l'œuvre depuis un quart de siècle participe bel et bien du même processus que la désagrégation du socialisme réel. Si éloignés qu'ils soient dans leurs expressions, les deux phénomènes n'en sont pas moins secrètement solidaires en profondeur. Ils relèvent d'un même déplacement fondamental du croyable, qui a ruiné, ici, la vraisemblance de la solution communiste à l'énigme de l'histoire et défait, là, le sens de l'aspiration au gouvernement collectif de soi. C'est à cet évidement primordial qu'il faut rapporter la déperdition de substance qui affecte la figure de notre République et qui la réduit peu à peu à un décor, certes glorieux, mais inhabité. Son cas n'est pas isolé, mais comme c'est en France que *la sublimation de la politique en tant qu'alternative à la religion* a connu son développement le plus poussé, c'est là aussi que son recul acquiert le plus de relief. Ce n'est pas avec des incantations passéistes qu'on redonnera vie à *des formes et à des normes qui dépérissent pour avoir triomphé* – la plus irréversible des morts est celle qui écarte toute virtualité de renaissance. Elles ont rempli leur mission, au point que l'évanouissement de leur vis-à-vis les prive de raison d'être. Rien ne pourra restituer leur ancienne énergie spirituelle au sacerdoce du citoyen, à la majesté morale de l'État, aux sacrifices sur l'autel de la chose publique. Ces instruments cultuels ont irrémédiablement perdu leur fonction. Plus n'est besoin de dresser la cité de l'homme à la face du ciel. Nous sommes en train d'apprendre la politique de l'homme sans le ciel – ni avec le ciel, ni à la place du ciel, ni contre le ciel. L'expérience ne laisse pas d'être déconcertante.»

2° Le second élément d'intérêt que nous trouvons chez Marcel Gauchet porte sur son traitement de la résurgence néanmoins visible du religieux. Comme nous l'avons signalé, le philosophe est convaincu que ce phénomène ne doit pas être traité sous l'angle du problème théologico-politique : l'adhésion nouvelle de certains individus à des formes intenses de religiosité ne signifie pas qu'ils ont l'intention d'intervenir dans le champ politique pour imposer leurs normes religieuses à nos fragiles démocraties. L'invocation d'un risque de guerre civile religieuse n'est pas sérieuse et résulte d'une mauvaise interprétation du phénomène. Marcel Gauchet considère les manifestations religieuses dans l'espace public, non pas comme une revendication politique, mais comme la pointe extrême de la modernité.

La manifestation ostensible des appartenances religieuses doit être considérée comme le nouveau mode d'expression de la subjectivité. Auparavant, avant le tournant des années 1970 et 1980, la subjectivité devait se conquérir : il appartenait à l'individu de transcender ses déterminismes – familiaux, religieux, politiques ou sociaux – pour se construire lui-même en tant qu'être autodéterminé. À l'orée du XXIe siècle, l'individu conquiert sa subjectivité, non pas en rejetant, mais en proclamant ce qui le détermine. Nous avons quitté l'âge de l'émancipation pour rejoindre celui de l'identité : plus personne ne souhaite devenir autre que lui-même; chacun veut être reconnu dans ce qui le constitue.

Voici comment Marcel Gauchet développe son point de vue[1] : « Qu'est-ce qu'être soi? En réalité, ce que nous logeons aujourd'hui à l'enseigne des identités représente

1. *Ibid.*, p. 122 et suivantes.

l'exact opposé de ce qu'on tenait hier pour le principe de l'identité personnelle. *On était soi, ou plutôt on devenait soi dans la mesure où l'on parvenait à se dégager de ses particularités, à rejoindre l'universel en soi.* [...] Le vrai moi est celui que l'on conquiert en soi contre les appartenances qui vous particularisent, contre les données contingentes qui vous assignent à un lieu et à un milieu. [...] Les "identités" nouvelle manière nous font basculer aux antipodes de cette identité-là. Le point d'appui politique du décentrement s'évanouit avec l'exigence d'épouser le point de vue de l'ensemble. *Il ne vous est plus demandé, pour être citoyen, que d'être vous-même.*»

Le philosophe continue ainsi : «Pour résumer le déplacement d'une formule : vous avez à rejoindre intérieurement ce qu'il vous est donné d'être extérieurement. Appartenances et même inhérences deviennent constitutives de l'identité personnelle dans la mesure où elles se subjectivisent. Je suis ce que je crois ou je suis ce que je suis né – mon *je* le plus authentique est celui que j'éprouve en tant que Basque, ou bien en tant que juif, ou bien en tant qu'ouvrier. Si vous avez à vous faire reconnaître de la sorte dans les particularités qui vous définissent c'est afin de vous y faire reconnaître. Davantage encore, ces différences subjectivement et intersubjectivement habitées sont ce qui vous permet d'entrer dans l'espace public et d'y tenir votre place.»

Cette ligne explicative s'applique particulièrement bien à ce que nous avons vu du voile intégral. Il semble que ce signe religieux agressif et revendicatif doive être placé dans la catégorie de l'identitaire plutôt que du politique : en le portant, ces femmes manifestent non pas leur volonté d'imposer leur loi divine au corps politique, mais bien plutôt leur identité qu'elles estiment bafouée par l'islamophobie dominante en France. Le voile intégral doit être compris comme un « stigmate inversé », comme la manifestation exacerbée d'une identité blessée. Dans ce cas alors, le voile intégral ne révèle pas l'impossibilité du cosmopolitisme du fait du retour du religieux, mais l'ardente nécessité de la tolérance : c'est la reconnaissance et l'acceptation de toutes les identités qui permettront de remédier aux difficultés de l'heure.

Conclusion : quel est le problème ?

Après ce chapitre qui l'a mené passablement loin du sujet d'origine, le lecteur souhaitera certainement que l'auteur lui propose quelques éléments de conclusion fermes et définitifs. Cependant, comme toujours, la difficulté n'est pas tant de trouver les réponses que d'identifier la bonne question à laquelle répondre. En effet, l'analyse que nous avons proposée des éléments politiques, juridiques et sociologiques qui constituent le « cas burqa » montre qu'il existe deux manières de comprendre le problème posé par ce vêtement religieux. Il y a en bien un, mais quel est-il ?

1° Il peut être traité sous l'angle du phénomène identitaire : le voile intégral témoigne du fait que de nombreuses Françaises de confession musulmane s'estiment rejetées par la partie majoritaire de la population et qu'elles trouvent dans ce vêtement – et plus largement dans une pratique radicale de l'islam – un médium leur permettant de compenser leur relégation, de manifester leur résistance à ce qui peut être assimilé à une forme d'oppression. Si le problème est effectivement identitaire, la réponse à lui apporter réside dans la tolérance. Pour que les femmes de religion musulmane ne soient pas tentées de se livrer à une pratique radicale et excluante de leur confession, il faut qu'elles aient le sentiment d'être acceptées dans leur identité de croyantes. Il appartient à la société française d'être plus tolérante : il lui revient de voir et d'accepter enfin la diversité qui la constitue. Lorsque la tolérance sera convenablement pratiquée par la société française, les Françaises musulmanes n'auront plus d'incitation à exprimer leur identité d'une manière si provocante. La reconnaissance de toutes les identités est le préalable nécessaire à une bonne cohabitation : l'accueil de la diversité conditionne un vivre-ensemble apaisé. Cette proposition politique ne va pas cependant sans soulever quelques problèmes : nous nous pencherons dans le chapitre qui suit sur les contradictions internes de la tolérance.

2° Pour d'autres, le problème révélé par le voile intégral pourrait être beaucoup plus large, puisqu'il mettrait en évidence l'incomplétude du projet moderne, dont le cosmopolitisme est la pointe la plus avancée. Le cas de la burqa dénoncerait le caractère utopique du projet cosmopolitique qui aurait simplement oublié ce qui constitue la nature de l'être humain. Ainsi, notre étude pourrait amener à la conclusion que le politique a besoin d'un substrat plus fort que la procédure démocratique et la garantie des droits de l'homme. Pour authentiquement vivre ensemble, les êtres humains ont besoin d'un commun plus substantiel que de simples procédures : de quelque chose qui les rassemble et les fasse communier ensemble. Ainsi, si nous sommes effectivement sortis de la religion, il est possible que nous ne puissions pas échapper à la *structuration religieuse du politique* : la nature humaine fait signe vers un dépassement de l'individu ; ne vouloir construire une communauté politique

que sur l'immanence et la protection de l'individu pourrait ne conduire qu'à une impasse, qu'illustrent le renouveau des pratiques religieuses radicales et l'enfermement communautaire. Il est besoin d'une transcendance qui unisse les individus au-delà de leurs différences et qui serve de point de projection à leur désir d'appartenance. Les êtres humains doivent partager une transcendance commune pour vivre ensemble. Si le problème posé par la burqa est ainsi correctement analysé, alors le passage à l'État cosmopolitique paraît très problématique.

6

Intolérance généralisée ou tolérance obligatoire ?

Notre enquête porte sur la possibilité du cosmopolitisme. Nous cherchons à savoir s'il est possible pour une entité politique de ne se constituer que par référence aux droits de l'homme, aux procédures démocratiques et au système juridique en charge de leur respect. Cet État cosmopolitique ambitionne de succéder à l'État-nation, forme politique dans laquelle l'État assurait – avec plus ou moins de succès, surtout pour les minorités – le respect des droits de l'homme, mais où la nation existait en tant que «principe spirituel» commun, pour reprendre l'expression d'Ernest Renan.

Dans ce qui précède, nous avons discuté de la possibilité du cosmopolitisme du point de vue communautaire : les êtres humains peuvent-ils vivre ensemble sans transcendance commune, c'est-à-dire sans partager un objet qui les dépasse et les rassemble au-delà de leurs divisions et différences ? Nous discuterons ici de la possibilité du cosmopolitisme du point de vue moral : les êtres humains peuvent-ils vivre en société sans un ensemble de valeurs communes leur permettant de déterminer le comportement juste et la vie bonne ? Peuvent-ils vivre sans morale commune ?

Pour introduire ces questions, il nous semble opportun

de présenter brièvement nos principaux résultats quant à la constitution juridique de l'État cosmopolitique. Il doit être ici clairement précisé qu'il s'agit d'une sorte de constitution idéale ; cela ne signifie pas que les lois et les décisions de justice respectent tous les principes que nous allons décrire. Il existe de nombreux cas, comme la loi interdisant le voile intégral, qui prouvent que les principes du cosmopolitisme ne suscitent pas l'adhésion de tous et ne sont pas intégralement appliqués. Il ne s'agit que d'un projet.

Pour commencer, il paraît clair que la difficulté à laquelle se heurte le cosmopolitisme n'est pas qu'il conduise à l'anarchie faute de régulation étatique. Dans la société cosmopolitique, l'État conserve le monopole de la violence légale et peut imposer l'ordre, entendu dans un sens purement matériel de protection des personnes et des biens. Les libertés individuelles ne sont pas non plus absolues : le législateur démocratiquement élu demeure compétent pour les restreindre, mais à trois conditions.

En premier lieu, une liberté fondamentale ne peut être limitée qu'en vertu d'un autre principe à valeur constitutionnelle. Ce peut être une autre liberté ou un principe général, comme l'ordre public. En second lieu, la limitation à la liberté fondamentale posée par le législateur doit être proportionnée au but à atteindre. Selon l'expression employée par le Conseil constitutionnel, la restriction à la liberté ne doit pas être si forte que cette dernière s'en trouve « dénaturée ». Enfin, le citoyen doit être capable, en saisissant les juges, de contester la validité de la loi au regard des libertés fondamentales que lui garantissent la Constitution et les traités internationaux.

L'une des principales caractéristiques de ce système juridique est qu'il est neutre moralement. Il y a une séparation définitive entre ce qui est légal et ce qui peut être considéré comme juste ou bon. L'État de droit trouve son fondement dans les libertés universelles qu'il a la charge de protéger : il ne lui appartient pas de défendre des valeurs collectives particulières, comme les bonnes mœurs, le bon goût ou une certaine notion du bien.

Le second pilier de la neutralité morale de l'État de droit est qu'il ne définit les libertés et la dignité humaine que de manière procédurale. Pour le professeur Denys de Béchillon, « la dignité, c'est le droit dont disposent également tous les hommes de n'être dominés et asservis par personne. [...] Il n'y a rien là qui puisse justifier un gouvernement extérieur des corps et des consciences. [...] Le cœur de la dignité de la femme n'est-il pas précisément contenu dans l'exercice de son libre arbitre, de sa liberté, y compris celle de porter la burqa si elle l'entend ? ». L'État de droit s'interdit donc de définir substantiellement la dignité, c'est-à-dire de définir une liste des comportements considérés comme indignes et donc illégaux. En effet, si une conception substantielle devait en être acceptée, le législateur serait alors en position de moraliser l'ensemble des comportements et d'imposer les mœurs majoritaires à tous les marginaux et minoritaires au nom du « cache-nez » universaliste que serait cette dignité.

L'impartialité de l'État de droit n'est pas nouvelle : elle était déjà présente dans la Déclaration des droits de l'homme et du citoyen de 1789. Deux événements nouveaux nous conduisent à la questionner, non dans son principe, mais dans ses conséquences. D'une part, l'État de droit est de plus en plus effectif : le contrôle accru des juges nationaux et européens sur le législateur fait que les lois discriminatoires et moralisantes sont de plus en plus rares. D'autre part, l'État de droit a été surinvesti d'un nouveau sens politique : il ne s'agit plus seulement d'une architecture juridique imposée à l'État pour qu'il respecte effectivement les libertés individuelles dont il a la garde, mais du substrat du lien politique.

Comme le dit Ulrich Beck, « l'idée européenne de l'homme s'est précisément forgée dans le rejet de toutes les conceptions naïves de l'humain qu'imposèrent la religion et la métaphysique moralisante. Il n'est donc pas accidentel que l'européanité reçoive d'abord une définition procédurale. Seule une définition pragmatico-politique peut exprimer cette essence a-humaine ». Cette « définition pragmatico-politique », c'est l'État de droit : nous vivons ensemble en Europe parce que nous partageons la conviction que les libertés individuelles et la démocratie sont les biens les plus importants et que le système politique doit avoir pour but unique de les protéger. Dans ce cadre, le port du voile intégral est parfaitement légal : chacun est libre d'exprimer sa foi comme il l'entend. Le législateur ne peut ni ne doit tenter de moraliser l'espace public.

Le problème moral devient alors sociologique. Il semble en effet que les Français conservent une sorte de moralité commune, qui impose à chacun de montrer son visage dans l'espace public. Cette morale traditionnelle n'a jamais eu de support légal, tant elle paraissait évidente. L'irruption d'un comportement déviant, dans un contexte de peur générale de l'islam, a conduit le législateur à transposer cette règle dans le droit. La loi vient au secours des mœurs, au détriment des libertés fondamentales et des principes du cosmopolitisme.

À partir du moment où le commun se limite à l'État de droit, où toute morale commune a disparu et où le législateur est incompétent pour en transcrire une dans le droit, il n'est pas étonnant d'observer une explosion de la diversité des comportements. Il n'y a *a priori* pas de limite à l'actualisation par les individus de leur liberté. La conséquence est que le maintien du vivre-ensemble n'est possible que si tous les membres de la société cosmopolitique pratiquent cette vertu morale qu'est la tolérance. Chacun doit faire un effort sur lui-même pour supporter un vêtement ou une intervention publique qui contrevient à ses valeurs, afin de permettre aux autres de pratiquer effectivement leur liberté. Si cette tolérance n'était pas pratiquée, la société deviendrait soit violente – les intolérants prendraient à partie ceux qu'ils désapprouvent – soit disparaîtrait en tant que telle – les individus se regrouperaient selon leurs valeurs particulières afin d'éviter les gens qu'ils ne peuvent pas supporter. La tolérance est donc un élément essentiel de la société cosmopolitique. Selon Ulrich Beck, « l'envers de cette vacuité substantielle est la tolérance radicale et l'ouverture radicale ».

Étrangement, il semble donc que la possibilité sociologique de la société cosmopolitique soit suspendue à l'unique vertu morale qui ait subsisté à l'établissement d'un ordre juridique et politique moralement neutre, à savoir la tolérance. Dans ce chapitre, notre questionnement portera sur ce paradoxe : comment expliquer que la possibilité d'une société amorale soit suspendue à la pratique de la vertu morale supérieure qu'est la tolérance ?

Qu'est-ce que la tolérance ?

Pour penser ce paradoxe, nous partirons d'une question simple : faut-il tolérer les intolérants ? Ceux qui souhaitent pratiquer la tolérance doivent-ils aussi tolérer les racistes, les antisémites, les néonazis, les intégristes, les sexistes, les négrophobes, les homophobes, les lesbophobes, les transphobes, les islamophobes, les xénophobes, les handiphobes et tous ceux qui ont des discours blessants envers une partie de la population[1] ?

Les enjeux sont simples à comprendre. Si la société cosmopolitique pratique une tolérance à ce point radicale qu'elle tolère toutes les opinions, quel que soit leur contenu, alors il est à craindre que la vie y soit parfaitement insupportable. On imagine assez le spectacle : que toutes les opinions aient pignon sur rue et l'on s'expose à la diffusion des propos les plus blessants et agressifs – dans la stricte limite du respect de l'ordre public matériel.

La seconde possibilité est plus séduisante, mais remet en question le concept même de tolérance. Si l'on accepte qu'il y ait des opinions qui ne doivent pas être tolérées – c'est-à-dire qu'il y ait quelque chose comme de l'intolérable – alors l'essence de la vertu de tolérance devient douteuse. Qui sont ces personnes qui professent la pratique de la tolérance mais se libèrent de cette obligation morale à partir du moment où l'opinion exprimée ne leur plaît pas ? Si la tolérance est une vertu, elle est alors d'autant plus nécessaire que son application est plus difficile. C'est précisément lorsque l'opinion exprimée est intolérable que la tolérance est nécessaire.

Certains poussent ce raisonnement jusqu'à en inverser les termes. À regarder l'état actuel de nos sociétés démo-

1. La multiplication des « phobies » pose une question redoutable : quelles sont les phobies avérées et celles qui ne sont qu'inventées dans le but de faire d'un groupe d'intérêt une victime ? Existe-t-il en France, à l'heure actuelle, une christianophobie ?

cratiques, ils estiment que les tolérants sont devenus, par leur volonté d'exclure tous les intolérants de l'espace public, plus intolérants que les intolérants. Nous retrouvons ici la dénonciation classique du «politiquement correct», mais aussi une conclusion proposée par Leo Strauss, toujours dans *Droit naturel et Histoire* : «La tolérance est un séminaire d'intolérance.» Il est possible que les tolérants, dans leur volonté d'imposer leur relativisme à tous les membres de la société, deviennent intolérants vis-à-vis de ceux qui persistent à émettre des jugements moraux dans l'espace public.

Plus profondément, l'aphorisme de Leo Strauss met en lumière le brouillage entre tolérance et intolérance que génère la société qui refuse toute morale commune, à l'exception du devoir de tolérer. L'épisode de la burqa est de ce point de vue tout à fait symptomatique. Dans ce cas d'espèce, qui est intolérant ? S'agit-il des Français, élus ou non, qui ne tolèrent pas que des citoyennes de confession musulmane manifestent librement leur foi dans l'espace public ? Mais, en réalité, les intolérants ne seraient-ils pas à chercher du côté des intégristes religieux ? Derrière l'injonction d'Ulrich Beck à pratiquer la «tolérance radicale» se dissimule en réalité une perspective parfaitement effrayante : une société qui ne serait composée que d'intolérants.

Cette impasse n'est qu'apparente. L'issue consiste à distinguer deux types de vertus. Le premier type trouve son excellence dans la mesure et l'équilibre. Il en va ainsi du courage : le courage est une vertu, dont l'excès conduit à la témérité, qui est un vice ; on demande aux soldats d'être courageux mais il ne sert à rien de mettre sa vie inutilement en danger. Le second type de vertu est d'autant mieux pratiqué qu'il vise haut. Il en va ainsi de la charité chrétienne : chaque chrétien, en aimant l'autre, tente d'imiter le Christ, qui a tellement aimé l'humanité qu'il lui a donné sa vie pour la sauver de ses péchés. Une vertu humaine trouve son excellence en se rapprochant de l'excellence divine.

Il est possible de rattacher la tolérance au premier type de vertu. Contrairement à ce que dit Ulrich Beck, la tolérance ne doit pas être radicale mais au contraire mesurée. Pour justifier ce choix, il faut inscrire la tolérance dans une perspective téléologique : elle vise à contribuer à la pacification de la société et au maintien d'un bon vivre-ensemble. Par conséquent, une tolérance qui conduirait à tout tolérer, même les propos les plus intolérants, contreviendrait au but qu'elle poursuit. Les tolérants sont en droit de reconnaître l'existence de l'intolérable. Du point de vue juridique, il est légitime que les États européens pénalisent l'expression de propos racistes ou antisémites qui sont authentiquement intolérables.

Cette distinction nous sauve conceptuellement mais pas pratiquement. La définition du périmètre de l'intolérable est en effet effroyablement épineuse : où fixer la limite entre ce qui est gênant mais doit être toléré et ce qui est fondamentalement intolérable ? Existe-t-il des principes stables et fondés en raison permettant de déterminer ce qui constitue l'intolérable ? Si cela n'est pas possible, on peut craindre que la définition de l'intolérable soit sociologiquement et historiquement relative : n'est intolérable que ce qu'une société donnée, à un moment donné, trouve intolérable. Si cette conclusion relativiste s'avère fondée, alors il est à craindre que le système juridique ne soit pas si moralement neutre qu'il cherche à l'être. En interdisant certains types de discours, les systèmes juridiques européens ne feraient que reprendre dans le droit les conceptions sociologiquement majoritaires sur le caractère intolérable de certains propos. Ils restreindraient donc la liberté d'expression en appliquant des présupposés moraux liés à l'air du temps, mais qui pourraient évoluer par la suite.

Pour discuter de la possibilité de définir l'intolérable, nous nous pencherons sur un cas concret, à savoir le traitement du discours homophobe par différentes juridictions. Nous sommes dans le cœur du sujet : le discours homophobe est-il intolérable et peut-il être légitimement puni ? Si oui, l'« intolérabilité » du discours homophobe peut-elle être fondée sur des principes rationnels ou dépend-elle en dernière instance des valeurs dominantes au sein d'une société donnée à un moment donné ? Telles sont les questions que nous allons étudier dans la suite de ce chapitre.

Conséquences et valeurs

Quelques précisions s'imposent avant d'amorcer notre discussion. Au niveau des discours, on peut distinguer trois niveaux dans la mise en cause des personnes homosexuelles : l'incitation à la violence et à la discrimination ; le jugement selon lequel l'homosexualité est une forme de sexualité moralement inférieure à l'hétérosexualité ; le refus de considérer les couples homosexuels comme des couples égaux aux couples hétérosexuels.

Par exemple, les rares citoyens qui réclament le rétablissement de la pénalisation de l'homosexualité appartiennent à la première catégorie, et le catéchisme de l'Église catholique, qui dispose que « les actes d'homosexualité sont intrinsèquement désordonnés et contraires à la loi naturelle », à la deuxième catégorie. De leur côté, les opposants au mariage homosexuel, s'ils peuvent reconnaître que l'homosexualité n'est pas moralement condamnable car il ne s'agit pas d'un choix mais d'une identité propre à la personne, estiment qu'on ne peut considérer tous les couples comme égaux. En effet, tout couple homosexuel serait intrinsèquement stérile et incomplet, car il n'intègre pas la distinction fondamentale entre l'homme et la femme. En vertu de cette différence de nature, le droit devrait maintenir un lien, même factice dans le cas de l'adoption, entre la parentalité et la biologie.

Voilà trois types de discours que les défenseurs des homosexuels seraient prompts à qualifier d'homophobes. Au contraire, les opposants au mariage homosexuel ont toujours nié les accusations d'homophobie. L'intensité du conflit montre combien il est difficile de parvenir à une définition consensuelle du périmètre de l'« intolérable ». Afin de s'attacher à des éléments plus concrets que des discours polémiques, nous discuterons cette question à partir de plusieurs décisions de justice, rendues sur le fait de savoir si les sanctions pénales imposées par les États aux personnes qui tiennent des propos homophobes sont contraires à la liberté d'expression.

Deux types de raisons sont généralement invoqués pour justifier la pénalisation du discours homophobe.

Le premier argument porte sur les conséquences des propos tenus. L'État doit pénaliser les discours homophobes parce que 1° ils blessent les personnes homosexuelles dans une des dimensions les plus intimes de l'être humain – l'orientation sexuelle ; 2° ils justifient les discriminations contre les homosexuels ; 3° ils légitiment des actes de violence physique envers les homosexuels et 4° ils peuvent servir de support à des partis non démocratiques qui, une fois au pouvoir, persécuteraient les homosexuels. On voit ici l'analogie avec le racisme et l'antisémitisme : ces deux opinions sont des délits car elles ont été utilisées au cours de l'histoire par des partis d'extrême droite qui ont montré combien les discours devaient être pris au sérieux. D'ailleurs, les homosexuels ont aussi été persécutés par les nazis.

Cet argument conséquentialiste – certains propos doivent être sanctionnés en raison de leur dangerosité – est extrêmement fort mais difficile à appliquer en pratique. En effet, quelle doit être exactement l'intensité du lien de causalité entre le discours et les conséquences pour justifier une limitation de la liberté d'expression ? Comme nous allons le voir, les juges divergent sur cette question.

Le second type d'arguments justifiant la pénalisation de l'homophobie est plus simple : ces propos doivent être sanctionnés pour eux-mêmes, parce qu'ils portent atteinte aux valeurs de la société démocratique, comme la tolérance, l'égalité des droits et le respect de la diversité humaine. Dans une société démocratique fondée sur l'affirmation et l'effectivité des droits, il ne devrait pas être possible de porter des jugements qui limitent les droits de certaines catégories de la population ou justifient leur limitation. La tolérance devient ici une sorte d'obligation morale, relayée par le droit. Cet argument mène à une autre question, tout aussi épineuse : quel est donc le contenu de ces valeurs démocratiques dont le respect impose la limitation de la liberté d'expression ?

Retour sur l'affaire Vanneste

Le 12 novembre 2008, la chambre criminelle de la Cour de cassation – juge suprême de l'ordre judiciaire français[1] – casse l'arrêt de la cour d'appel de Douai, du 25 janvier 2007, qui avait condamné le député UMP Christian Vanneste pour injure envers les personnes homosexuelles. L'arrêt de la cour d'appel avait quant à lui confirmé un jugement du tribunal correctionnel de Lille. Ainsi, deux juges du fond ont estimé que Christian Vanneste avait tenu des propos injurieux en fonction de l'orientation sexuelle, tandis que le juge de cassation a fait prévaloir la liberté d'expression. Cette hésitation illustre la difficulté pour les juges à trouver le point d'équilibre entre la liberté d'expression et la sanction pénale des propos intolérants.

Les propos en cause, tenus à deux occasions dans *La Voix du Nord*, concernaient des interventions du député lors du débat parlementaire sur la loi du 30 décembre 2004 portant création de la Haute Autorité de lutte contre les discriminations et pour l'égalité. L'homme politique se défendait ainsi : «Est-ce que j'ai appelé à une quelconque violence? Mes propos ne sont pas discriminatoires car je ne m'en prends pas à une ethnie ou une race mais à un comportement. Je porte un jugement moral que j'ai parfaitement le droit d'émettre. [...] Je n'ai pas dit que l'homosexualité était dangereuse,

1. Le système juridique français comporte deux ordres de juridiction : la juridiction judiciaire et la juridiction administrative. La juridiction administrative, dont la cour suprême est le Conseil d'État, a principalement à connaître des actes unilatéraux des personnes publiques (État et collectivités territoriales). Le juge judiciaire a en charge les relations des personnes entre elles et l'application du droit pénal. C'est cet aspect dont il sera traité maintenant.

j'ai dit qu'elle était inférieure à l'hétérosexualité. Si on la poussait à l'universel, ce serait dangereux pour l'humanité[1].» Christian Vanneste se défendait donc en invoquant sa liberté d'émettre des jugements moraux dans l'espace public. Ancien professeur de philosophie, il se référait manifestement à la morale de Kant, selon laquelle un comportement est valide moralement s'il peut être universalisé.

En France, la liberté d'expression est régie par la loi du 29 juillet 1881 sur la liberté de la presse. Elle prévoit depuis l'origine des peines contre ceux qui diffament ou prononcent des injures. La loi de 2004 créant la HALDE l'a complétée en précisant que ces délits seraient aussi sanctionnés s'ils sont commis contre «une personne ou un groupe de personnes à raison de leur orientation sexuelle». La question juridique est simple : Christian Vanneste a-t-il injurié des personnes en raison de leur orientation sexuelle?

Dans leur arrêt, les juges lillois utilisent plusieurs arguments pour démontrer l'existence de l'injure. D'une part, Christian Vanneste, même s'il prétend juger un comportement et non des personnes, a effectivement pris à partie un groupe d'individus. «En critiquant un comportement, M. Christian Vanneste s'en prend nécessairement à un groupe de personnes, à raison de leur orientation sexuelle[2].» D'autre part, les propos tenus ont des conséquences néfastes sur les personnes mises en cause : ils vont inspirer «un sentiment de rejet ou de honte» chez les homosexuels et un «sentiment de crainte» envers eux dans le reste de la population. Enfin, les propos sont condamnables en tant qu'ils sont intolérants : «En stigmatisant le comportement homosexuel

1. Propos cités par l'arrêt de la cour d'appel de Douai du 25 janvier 2007.
2. Tribunal correctionnel de Lille, jugement du 24 janvier 2006.

comme ne pouvant être qu'exclu ou vécu dans la clandestinité, M. Christian Vanneste a manifesté, de manière outrageante, son intolérance envers les personnes qui ont fait le choix d'une orientation homosexuelle [*sic*].» Les propos sont donc condamnables, en raison des comportements et réactions qu'ils vont générer et parce qu'ils sont intrinsèquement intolérants.

La Cour de cassation a inversé les deux jugements de fond au nom de la liberté d'expression, par une sentence lapidaire et peu argumentée : «Si les propos litigieux ont pu heurter la sensibilité de certaines personnes homosexuelles, leur contenu ne dépasse pas les limites de la liberté d'expression.» Le juge suprême reconnaît qu'il existe des limites à la liberté d'expression, mais considère que Christian Vanneste ne les a pas franchies en l'espèce. Il n'est pas plus explicite sur le tracé exact de ces limites. On voit donc que ceux qui émettent des jugements moraux négatifs sur l'homosexualité restent dans le cadre de la liberté d'expression. Il revient ici aux tolérants de tolérer les intolérants.

L'une des critiques adressées à cet arrêt porte sur les conséquences d'une telle décision. Ainsi, pour Act Up-Paris[1], «la Cour de cassation ouvre la porte à toutes les haines. [...] Les juges se sentiront-ils responsables au prochain suicide d'un gay à qui on aura dit toute sa vie qu'il était "inférieur"; ou à la prochaine agression d'une lesbienne que ses bourreaux jugeront "dangereuse"?». Les propos homophobes devraient donc être punis parce qu'ils auront nécessairement des conséquences : suicides, agressions... Les propos

1. Communiqué en réaction à la décision de la Cour de cassation, disponible sur le site Internet de l'association, «La Cour de cassation ouvre la porte à toutes les haines», 13 novembre 2008.

blessent et sont dangereux parce qu'ils justifient et encouragent des actes qui violent les droits des personnes homosexuelles. Nous retrouvons là l'argument conséquentialiste.

La Cour européenne des droits de l'homme et l'intensité du lien de causalité

Partons au nord et élevons-nous dans le degré d'homophobie. Le 9 février 2012, la Cour européenne des droits de l'homme a jugé conforme à la Convention européenne des droits de l'homme les sanctions pénales imposées par l'État suédois à des auteurs de propos homophobes[1].

De quoi parle-t-on? Quatre jeunes Suédois, membres d'une organisation d'extrême droite, se sont introduits dans l'équivalent d'un lycée et ont distribué dans les casiers des élèves des tracts, en vue de dénoncer «la propagande homosexuelle» et le traitement favorable de cette sexualité par le système scolaire. Les tracts qualifiaient l'homosexualité de «tendance sexuelle déviante». Un lien explicite était établi entre l'homosexualité et l'expansion du sida, tandis que les organisations de défense des homosexuels étaient accusées de vouloir relativiser la pédophilie et d'œuvrer à sa légalisation. Le 11 juillet 2005, une cour de district avait condamné ces quatre jeunes sur la base des dispositions du code pénal suédois sanctionnant les propos menaçant ou exprimant du mépris envers un groupe de personnes sur la base de l'orientation sexuelle. Le 14 décembre 2005, la cour d'appel inversait cette décision au nom de la liberté d'expression. Sur appel du procureur, la Cour suprême suédoise reconnaissait

1. Vejdeland et autres contre Suède, 9 février 2012, 5e section.

de nouveau les quatre personnes coupables. Cette hésitation des juges suédois illustre combien il est difficile de parvenir à un consensus sur le périmètre de l'intolérable.

Devant les juges suédois et la Cour européenne des droits de l'homme, les demandeurs ont invoqué l'article 10 de la Convention européenne des droits de l'homme, qui protège la liberté d'expression, mais précise aussi les cas dans lesquels elle peut être limitée. Cet article se lit ainsi :

> 1. Toute personne a droit à la liberté d'expression. Ce droit comprend la liberté d'opinion et la liberté de recevoir ou de communiquer des informations ou des idées sans qu'il puisse y avoir ingérence d'autorités publiques et sans considération de frontière. Le présent article n'empêche pas les États de soumettre les entreprises de radiodiffusion, de cinéma ou de télévision à un régime d'autorisations.
>
> 2. L'exercice de ces libertés comportant des devoirs et des responsabilités peut être soumis à certaines formalités, conditions, restrictions ou sanctions prévues par la loi, qui constituent *des mesures nécessaires, dans une société démocratique*, à la sécurité nationale, à l'intégrité territoriale ou à la sûreté publique, à la défense de l'ordre et à la prévention du crime, à la protection de la santé ou de la morale, à l*a protection de la réputation ou des droits d'autrui*, pour empêcher la divulgation d'informations confidentielles ou pour garantir l'autorité et l'impartialité du pouvoir judiciaire.

En application de cet article et pour évaluer si une sanction pénale imposée par un État respecte l'article 10, la Cour procède à un examen en trois parties : la sanction doit être prescrite par la loi de manière à être prévisible ; la restriction à la liberté doit poursuivre l'un des « buts légitimes » prévus par le second paragraphe de l'article 10 ; la restriction doit être proportionnée au but à atteindre, c'est-à-dire « nécessaire dans une société démocratique». Pour le cas qui nous intéresse, les deux premières parties du test sont aisément vérifiées : le code pénal suédois prévoit effectivement de punir les propos hostiles aux homosexuels et cette restriction vise un but légitime prévu par la Convention, à savoir «la protection de la réputation ou des droits d'autrui».

C'est le troisième aspect du test qui est problématique : la restriction imposée est-elle «nécessaire dans une société démocratique» ou va-t-elle au-delà de ce que l'on peut légitimement imposer à la liberté d'expression ? Suivons ici le raisonnement de la Cour. Elle reconnaît d'abord le fait que les tracts avaient pour but de lancer un débat public sur le manque d'objectivité du système éducatif suédois. Cependant, même si les propos visant à un débat d'intérêt général peuvent bénéficier d'une protection supérieure aux propos privés, cela ne justifie pas une immunité totale au regard de l'article 10 de la Convention.

Ensuite, la Cour considère les conséquences des propos tenus. Elle reconnaît que «les jugements n'incitaient pas directement les personnes à commettre des actes de haine». Elle précise ensuite que «l'incitation à la haine ne requiert pas nécessairement l'appel à tel ou tel acte de violence ni à un autre acte délictueux. Les atteintes aux personnes commises en injuriant, en ridiculisant ou en diffamant certains groupes de la population suffisent pour que les autorités privilégient la lutte contre le discours raciste face à une liberté d'expression exercée d'une manière irresponsable» (paragraphe 55[1]). La Cour applique donc de manière

1. «*Moreover, the Court reiterates that inciting to hatred does not necessarily entail a call for an act of violence, or other criminal acts. Attacks on persons committed by insulting, holding up to ridicule or slandering specific groups of the*

large la notion d'incitation à la haine : il ne s'agit pas seulement d'appeler explicitement à la commission d'actes violents, mais simplement de tenir des propos injurieux et diffamatoires.

C'est le point fondamental de la décision : les propos homophobes sont condamnables, non parce qu'ils pourraient directement générer des actes violents envers le groupe visé, mais parce qu'ils sont blessants et injurieux pour les personnes appartenant à ce groupe. L'extension du lien entre les propos tenus et leurs conséquences est telle qu'il apparaît que ce sont les propos en eux-mêmes qui sont sanctionnés. Dans son commentaire de la décision, le juriste Nicolas Hervieu[1] estime qu'« indépendamment même des effets potentiels – craints ou espérés – des propos, c'est le contenu même du discours qui suffit à justifier une sanction ». En réalité, l'effet présumé des propos sur les personnes homosexuelles est considéré comme résultant nécessairement de leur contenu : le juge se met en position de restreindre la liberté d'expression au nom de son analyse des conséquences possibles mais non avérées d'un discours.

En procédant ainsi, le juge européen a repris une méthode qu'il avait appliquée dans une décision concernant les sanctions pénales infligées par la Belgique à un député du Front national belge pour des propos racistes[2], en 2009. À cette époque, trois juges de la Cour européenne avaient

population can be sufficient for the authorities to favour combating racist speech in the face of freedom of expression exercised in an irresponsible manner (see Féret v. Belgium, no. 15615/07, § 73, 16 July 2009). »

1. Nicolas Hervieu, « Pénalisation des discours homophobes et expansionnisme jurisprudentiel de la notion de liberté d'expression irresponsable », in *Lettre « Actualités Droits-Libertés »* du CREDOF, 10 février 2012.

2. Affaire Féret contre Belgique, 16 juillet 2009, 2ᵉ section.

estimé que l'État belge avait bien violé la liberté d'expression en sanctionnant le député, et ont écrit une opinion dissidente pour justifier leur désaccord. Ils développent donc eux-mêmes les critiques qui peuvent être apportées à cette conception très étendue du lien de causalité entre les propos et leurs conséquences négatives sur les membres du groupe visé.

Pour ces trois juges, le lien entre les propos tenus et leurs conséquences probables en termes de discrimination des personnes visées doit véritablement être prouvé, et non supposé : « Sauf à accepter que les "délits d'opinion" sont compatibles avec l'ordre démocratique, il s'impose de constater l'existence d'une action illégale qui découle directement du discours ou est pour le moins sensiblement et véritablement favorisée par celui-ci. Il doit exister une autre infraction pénale commise ou susceptible de l'être et c'est là que la prévention intervient. L'incitation est une exhortation psychologique forte, voire décisive, supposée donner naissance à l'autre infraction pénale. Mais la simple intolérance, le sentiment sans action, ou du moins sans tendance manifeste à l'action, ne saurait constituer un délit. »

Ils prolongent ainsi leur réflexion : « Cette précipitation [du raisonnement de l'arrêt] se fonde sur la crainte non justifiée que la diffamation d'un groupe et le discours de haine porteraient atteinte à l'ordre public dans la mesure où ils risquent de susciter parmi le public des réactions incompatibles avec un climat social serein et pourraient saper la confiance dans les institutions démocratiques. Ce scénario d'apocalypse apparaît tout simplement par la force des choses. Qui fera quoi et pour quelle raison ? Autant de questions sans réponse. » Ce que critiquent ces juges, c'est le raisonnement visant à sanctionner les discours intolérants sur la base de leur dangerosité présumée : dans les faits, les juges n'ont pas la possibilité de prévoir les conséquences réelles des discours et devraient se garder d'user de présomptions pour approuver des sanctions pénales. En une phrase, la dangerosité supposée d'un discours ne justifie pas sa pénalisation.

Les trois juges concluent leur réflexion sur un paradoxe central : « La protection des opinions politiques s'explique du fait que nous croyons les êtres humains assez raisonnables pour pouvoir faire des choix informés. Il n'appartient pas à ceux qui contrôlent le pouvoir politique (que leurs propres intérêts amènent à conserver) d'établir un catalogue des idées fausses ou inacceptables. Mais l'arrêt [sanctionnant le député belge], s'éloignant ainsi de ses propres conceptions en matière de discours politique, juge des êtres humains et toute une couche sociale de "nigauds" incapables de répondre aux arguments et aux contre-arguments en raison de la pulsion irrésistible de leurs émotions irrationnelles. Devons-nous accepter cette manière de voir alors même que la liberté d'expression repose sur l'hypothèse que l'esprit humain est révulsé par le mensonge éhonté et qu'à défaut, nous devrions être constamment soumis à la censure ? »

Les juges européens dissidents reprennent ici l'argumentation de Denys de Béchillon sur le port du voile intégral : il n'appartient pas au droit de dire qui est libre ou pas, ni de dire qui est intelligent ou pas. La société libérale fait confiance à l'intelligence de ses membres pour distinguer les discours rationnels des discours intolérants. Si l'on sanctionne des propos parce qu'ils pourraient inciter des citoyens à devenir intolérants, cela signifie que l'on ne les considère pas comme capables d'user de leur raison. Le droit intervient de manière paternaliste pour protéger les faibles d'esprit contre leur tendance à l'intolérance. De la même manière, le législateur français a estimé que les femmes portant le voile intégral n'étaient pas des êtres libres et consentants.

Cette notion de paternalisme est importante pour comprendre la décision de la Cour européenne sur l'affaire d'homophobie suédoise. Cette décision a été adoptée à l'unanimité, mais trois juges[1] ont écrit des opinions pour expliquer les raisons de leur vote et faire une précision d'importance. Pour ces juges, la condamnation est valide uniquement parce que la distribution des tracts a eu lieu dans un milieu scolaire. La sanction est raisonnable et proportionnée en raison du contexte : il est légitime pour l'État de protéger les adolescents d'une propagande agressive et discriminatoire. Si ces propos avaient été tenus dans l'espace public, ils auraient estimé la condamnation suédoise contraire à la liberté d'expression. La décision elle-même n'est pas claire sur le fait de savoir si le milieu scolaire est une condition nécessaire ou supplémentaire pour justifier la validité de la sanction pénale suédoise au regard de la Convention.

Par ailleurs, deux autres juges[2], qui ont aussi voté en faveur de la décision sur l'affaire suédoise, ont rédigé une opinion pour expliquer pourquoi le discours homophobe devait être sanctionné en tant que tel, quelles que soient les circonstances et l'intensité des mots prononcés. Pour comprendre leur position, un peu de technique juridique s'impose. La liberté d'expression est couverte par un autre article de la Convention européenne des droits de l'homme, le dix-septième, intitulé « Interdiction de l'abus de droit » et ainsi rédigé :

1. Juges Spielmann, Nussberger et Zupancic.
2. Juges Yudkivska et Villiger.

Aucune des dispositions de la présente Convention ne peut être interprétée comme impliquant pour un État, un groupement ou un individu, un droit quelconque de se livrer à une activité ou d'accomplir un acte visant à la destruction des droits ou libertés reconnus dans la présente Convention ou à des limitations plus amples de ces droits et libertés que celles prévues à ladite Convention.

Il s'agit d'une stipulation «guillotine» : lorsque la liberté d'expression devient menaçante pour les droits et libertés garantis par la Convention, elle ne bénéficie plus de la protection de l'article 10 et peut être interdite *per se*, sans considération de proportionnalité. En application de cet article, la Cour européenne a développé la notion de «discours de haine», qui renvoie à un discours si blessant, offensant et menaçant pour les droits des personnes visées qu'il ne bénéficie plus de la protection de l'article 10 sur la liberté d'expression. Par exemple, la Cour a estimé que le *poster* d'un militant du British National Party faisant un lien entre les attentats du 11-Septembre et l'islam et appelant à l'expulsion de tous les musulmans du Royaume-Uni relevait du discours de haine et constituait un abus de droit au sens de l'article 17[1].

Dans l'affaire suédoise, deux juges proposent dans leur opinion d'intégrer le discours homophobe au champ du discours de haine, avec l'antisémitisme et le racisme. Il ne bénéficierait donc plus de la protection de l'article 10. Les raisons invoquées en faveur du classement du discours homophobe en discours de la haine mêlent arguments conséquentialistes – les discours vont générer des actes de

1. Norwood contre Royaume-Uni.

violence – et jugements de valeur – les discours sont contraires aux valeurs de la Convention. Ainsi : « Je ne pense pas que l'accusation que les homosexuels sont déviants et responsables de la propagation du VIH et du sida soient en harmonie avec les valeurs de la Convention. Il existe une ligne ténue entre l'abus verbal et l'incitation à la violence, et de telles accusations sont capables de provoquer des agressions contre eux » (paragraphe 8[1]). Plus loin : « Le discours de haine est destructeur pour la société démocratique dans son ensemble, puisque "les messages nuisibles vont gagner du crédit, avec le résultat correspondant de discrimination, et peut-être même de violence contre les groupes minoritaires", et c'est pourquoi il ne devrait pas être protégé » (paragraphe 9[2]).

Dans cette argumentation, les juges n'hésitent pas à préjuger l'existence d'un lien de causalité direct entre les discours et les actes de violence commis contre les personnes homosexuelles. L'existence de ce lien justifie le fait que ces discours sont intrinsèquement contraires aux valeurs de la Convention, puisqu'ils génèrent automatiquement des violences.

Les deux juges concluent leur opinion en rappelant le poids des discours haineux dans l'histoire européenne : « Notre expérience tragique du dernier siècle démontre que

1. « *I do not think that accusations that homosexuals are deviants and responsible for the spread of HIV and AIDS are in harmony with the Convention's values. There is a fine line between verbal abuse and incitement to violence, and such accusations are capable of prompting aggression against them.* »

2. « *Hate speech is destructive for democratic society as a whole, since "prejudicial messages will gain some credence, with the attendant result of discrimination, and perhaps even violence, against minority groups" and therefore it should not be protected.* »

les opinions racistes et extrémistes peuvent faire bien plus de tort que des restrictions à la liberté d'expression. Les statistiques sur les crimes de haine montrent que la propagande de haine inflige toujours des blessures, que ce soit immédiatement ou potentiellement. Il n'est pas nécessaire d'attendre que le discours haineux devienne un danger réel et imminent pour la société démocratique» (paragraphe 11[1]).

Les trois juges dissidents sur l'affaire du député belge, dont nous avons déjà vu la critique de l'extension du lien de causalité, s'opposent de leur côté à l'invocation de l'histoire européenne pour justifier la régulation des discours intolérants. Selon eux, «l'histoire des démocraties au lendemain de la Seconde Guerre mondiale montre que la participation des mouvements politiques douteux au discours politique diminue le risque d'extrémisme et ne mine pas nos démocraties, lesquelles se fondent sur l'esprit d'ouverture et la tolérance. [...] Toutes ces spéculations quant au danger nient le pouvoir de la contre-argumentation et de l'indépendance du jugement. Si la notion de "discours dangereux" fait son entrée dans la jurisprudence de la Cour, on assistera, sans raison impérieuse, à une extension de la sphère des propos susceptibles de donner lieu à un délit quelles que soient par ailleurs les conditions et les circonstances réelles dans lesquelles ces propos auront été tenus».

Ces échanges entre juges appartenant à la même juridiction révèlent combien la Cour européenne est divisée sur la légitimité des sanctions pénales imposées par les États

1. «*Our tragic experience in the last century demonstrates that racist and extremist opinions can bring much more harm than restrictions on freedom of expression. Statistics on hate crimes show that hate propaganda always inflicts harm, be it immediate or potential. It is not necessary to wait until hate speech becomes a real and imminent danger for democratic society.*»

européens aux discours intolérants. Les positions varient selon l'intensité exigée du lien de causalité entre les propos et les actes de violence et de discrimination commis contre les groupes visés. Pour certains juges, les discours de haine visant une population donnée infligent systématiquement des blessures aux personnes et se traduisent à tout coup par des actes de discrimination et de violence. Du point de vue du raisonnement juridique, cela signifie que le juge accepte de sanctionner les discours en tant que tels ; il n'a pas besoin de rechercher leurs conséquences réelles mais peut se contenter de leurs conséquences présumées. Cette présomption de causalité conduit à juger le contenu du discours.

Pour d'autres juges, on ne peut condamner des propos en raison de conséquences supposées, mais non avérées : « Un impact potentiel sur les droits d'autrui ne suffit pas pour restreindre un droit de l'homme. » En conséquence, « la simple intolérance, le sentiment sans action, ou du moins sans tendance manifeste à l'action, ne saurait constituer un délit ». Pour justifier la sanction du discours raciste ou homophobe, le juge doit prouver l'existence d'un lien de causalité entre les propos tenus et des actes réels commis ou en cours de commission. Cette conception beaucoup plus restrictive du lien de causalité conduit le juge à accepter des discours intolérants mais généraux et n'appelant pas directement à la violence.

Au sujet des États-Unis d'Amérique

Un détour par les États-Unis éclaire d'un jour nouveau cette discussion européenne. La Cour suprême a en effet récemment eu à connaître d'un cas de discours homophobe[1]. Pour un Européen, les circonstances du cas sont surréalistes. Était en cause M. Fred Phelps, fondateur de l'Église baptiste Westboro, de Topeka au Kansas. Ce dernier a pris l'habitude, accompagné de membres de sa famille, de manifester à l'occasion de funérailles de soldats morts en service, ce qu'il a fait à plus de six cents reprises depuis les années 1990. Les slogans sont les suivants : « Dieu hait les États-Unis ; Merci Dieu pour le 11-Septembre ; Merci Dieu pour les soldats morts ; Le pape en enfer ; Les prêtres violent les enfants ; Dieu hait les pédés ; Dieu vous hait[2]. » Le groupe religieux s'en prend aux États-Unis en raison de leur tolérance morale pour les homosexuels et des dérives pédophiles de l'Église catholique.

Le père d'un soldat mort – M. Albert Snyder – a introduit une requête en responsabilité civile contre M. Phelps : il l'accuse de lui avoir intentionnellement causé des dommages émotionnels importants en manifestant lors des obsèques de son fils. Le contexte juridique est donc différent : il ne s'agit pas d'appliquer une loi pénale punissant les discours homophobes mais de demander réparation pour des dommages. En première instance, un jury a reconnu M. Phelps responsable, pour près de 11 millions de dollars (2,9 millions pour compenser le dommage subi et 8 millions de dommages punitifs). Cependant, la cour d'appel a estimé que le premier amendement à la Constitution américaine protégeait les propos tenus lors de la manifestation et que la responsabilité du révérend Phelps ne pouvait être engagée.

1. Albert Snyder, Petitioner v. Fred W. Phelps, Sr. et al., 2 mars 2011.

2. « *The picketers peacefully displayed their signs – stating, e.g., "Thank God for Dead Soldiers," "Fags Doom Nations," "America is Doomed," "Priests Rape Boys," and "You're Going to Hell"*. »

Le premier amendement à la Constitution a été introduit en 1791, quatre ans après la rédaction de la Constitution, et est ainsi rédigé : « Le Congrès ne fera aucune loi [...] pour limiter la liberté d'expression ou de la presse [...]. » C'est à l'aune de ce texte que la Cour suprême des États-Unis a apprécié la légalité de la requête en responsabilité du père du soldat décédé.

Dans sa décision, la Cour suprême justifie d'abord l'application du premier amendement. Elle le fait en montrant que les propos tenus par la congrégation Westboro portaient sur des sujets d'intérêt public, au regard de trois éléments : le contenu, la forme et le contexte. 1° Les slogans visaient des sujets d'importances publique – la conduite morale et politique des États-Unis, l'homosexualité dans l'armée et les scandales impliquant les prêtres. 2° La manifestation a eu lieu sur un espace public et dans le respect des règles de police. 3° Il ne s'agissait pas d'une attaque personnelle car les différents protagonistes ne se connaissaient pas avant la manifestation. La Cour rappelle enfin ses précédentes décisions sur le fait que « le caractère inapproprié ou controversé » d'un discours ne doit pas être pris en considération lorsqu'elle juge de son caractère public.

La Cour précise ensuite qu'un discours public peut être encadré, mais à de strictes conditions. Le principe fondamental est que les restrictions ne peuvent viser qu'à limiter l'impact du discours sur l'ordre public ; la loi ou les règlements de police ne doivent pas concerner le contenu du discours. La Cour rappelle ainsi que le « choix de Westboro du moment et du lieu où manifester ne transgresse pas le pouvoir réglementaire du gouvernement – il est soumis à des restrictions raisonnables de temps, de lieu ou de formes, qui sont conformes aux standards énoncés dans les précédents de cette Cour[1] ». Seules des considérations matérielles permettent de réglementer l'expression publique, selon l'interprétation qu'a donnée la Cour suprême du premier amendement.

En l'espèce, « les membres de l'Église avaient le droit d'être là où ils étaient. Westboro avait alerté les autorités locales de sa manifestation aux funérailles et s'est conformé aux directives de police sur le lieu de la manifestation. Celle-ci s'est déroulée sous la supervision de la police à quelque mille pieds de l'Église, hors de la vue de ceux qui étaient à l'Église. La protestation n'était pas indisciplinée ; il n'y a pas eu de cris, de grossièreté ou de violence[2] ». Ainsi, puisque la manifestation s'est déroulée dans le respect des consignes données par les forces de police et n'a pas perturbé le déroulement de la cérémonie, il n'y a pas de raison de priver ce discours portant sur un sujet d'intérêt public de la protection qu'offre le premier amendement.

La Cour reconnaît enfin que le discours a été offensant, mais s'interdit d'imposer la compensation des dommages à leurs auteurs, car cela reviendrait à limiter le contenu admissible des discours. La Cour suprême justifie sa position par un raisonnement contrefactuel : il s'agit de voir ce qui se serait passé si le contenu du discours avait été autre. Ainsi, « un groupe de paroissiens se tenant au même endroit

1. « *Westboro's choice of where and when to conduct its picketing is not beyond the Governement's reglatory reach – it is "subject to reasonable time, place, or manner restrictions" that are consistent with the standards announced in this Court's precedents.* »

2. « *Simply put, the church members had the right to be where they were. Westboro alerted local authorities to its funeral protest and fully complied with police guidance on where the picketing could be staged. The picketing was conducted under police supervision some 1,000 feet from the church, out of the sight of those at the church. The protest was not unruly ; there was no shouting, profanity or violence.* »

que Westboro, en portant des signes disant “Dieu bénisse l’Amérique” ou “Dieu vous aime”, n’aurait pas été tenu pour responsable. C’est ce qu’a dit Westboro qui l’a exposé à des dommages[1] ». Le raisonnement est clair : reconnaître Westboro responsable des dommages émotionnels infligés au père du soldat mort reviendrait, pour le juge, à s’attacher au contenu du message des manifestants – car lui seul est susceptible d’avoir causé un dommage. Si les manifestants avaient salué la mémoire du soldat, le père n’aurait pas subi un dommage ni demandé réparation.

La Cour suprême conclut sa décision en rappelant les principes fondamentaux de sa jurisprudence sur la liberté d’expression. Ainsi, « s’il y a un principe de base sous-jacent au premier amendement, c’est que le gouvernement n’est pas autorisé à prohiber l’expression d’une idée simplement parce que la société trouve cette idée offensante ou désagréable[2] ». On le voit, le principe fondamental posé par la Cour suprême est que la réglementation doit être neutre quant au contenu (« *content neutral* »). Pour la juriste française spécialiste du droit américain Élisabeth Zoller[3], « l’expression, quelle qu’elle soit – parlée, écrite ou symbolique –, ne peut plus être interdite en elle-même, à cause des mauvais penchants qu’elle recèle pour la société, mais seulement réglementée en fonction de critères objectifs,

1. « *A group of parishioners standing at the very spot where Westboro stood, holding signs that said “God Bless American” and “God Loves You”, would not have been subjected to liability.* »

2. « *If there is a bedrock principle underlying the First Amendment, it is that the government may not prohibit the expression of an idea simply because society finds the idea itself offensive or disagreeable.* »

3. Élisabeth ZOLLER, « La Cour suprême des États-Unis et la liberté d’expression », in *La Liberté d’expression aux États-Unis et en Europe*, dir. Élisabeth Zoller, Dalloz, 2008, p. 273 et 279.

neutres, telles des circonstances de temps, de lieu ou de formes. [...] La réglementation légitime de la liberté d'expression est celle qui ne discrimine pas entre points de vue, mais est neutre et ne prend jamais parti entre les points de vue».

La jurisprudence élaborée par la Cour suprême des États-Unis repose sur un principe extrêmement fort : la neutralité du système juridique. L'État, au travers de ses lois et de ses décisions de justice, ne doit pas prendre parti entre les différents discours. Il ne peut les réguler qu'au regard de leurs conséquences directes et avérées sur l'ordre public. Sanctionner en tant que tels les discours homophobes reviendrait à reconnaître leur infériorité morale, et donc à rompre avec le fondement de la légitimité de l'État : son impartialité et sa neutralité morale.

Le problème de la fondation axiologique du droit

Nous en avons terminé avec cette expédition dans la jurisprudence sur le discours homophobe. Nous avons mis en lumière deux positions extrêmes quant aux limitations acceptables de la liberté d'expression. La Cour suprême des États-Unis est la plus libérale car elle accepte les conséquences de la neutralité morale du système juridique. Si l'État de droit repose sur la distinction entre le juste et le bien, alors le juge et le législateur doivent s'interdire de juger le contenu des discours publics. L'attention ne doit porter que sur les conséquences réelles et concrètes des discours et non sur le fait de savoir s'ils sont tolérables.

Certains juges de la Cour européenne des droits de l'homme – pas tous ! – estiment au contraire que certains discours ne doivent bénéficier d'aucune protection. Cette argumentation repose sur la présomption que les discours offensants génèrent des actes de discrimination et de violence à l'encontre des personnes visées, même s'il n'y a pas d'appel direct et explicite à la commission de violence. Interdire ce type de discours protège les personnes appartenant aux minorités prises pour cible. Cette présomption de causalité – les propos homophobes génèrent nécessairement des actes homophobes illégaux – conduit le juge à ne s'intéresser qu'au contenu des discours. Peu lui importe les conséquences immédiates des discours particuliers dont il a à connaître; il ne les juge que par rapport à leur contenu.

Dans son opinion sur la décision de la Cour européenne sur les tracts distribués par les jeunes Suédois, le juge slovaque Zupancic fait référence à la décision de la Cour suprême que nous avons étudiée. Il remarque que, si la Cour européenne adoptait la jurisprudence de la Cour suprême des États-Unis, les sanctions infligées aux jeunes Suédois auraient probablement été déclarées contraire à l'article 10 de la Convention, parce que la loi pénale suédoise sanctionne un type de discours en particulier, ce qui n'est pas «*content neutral*». De fait, selon le juge, si les tracts distribués dans les casiers des élèves avaient célébré l'homosexualité, ils n'auraient pas été considérés comme offensants. En appliquant la même logique contrefactuelle que la Cour suprême américaine, le juge montre que la Cour européenne se met en position de juger le contenu des discours.

De manière très intéressante, le juge slovaque achève cette comparaison transatlantique des jurisprudences en estimant qu'il s'agit d'un «débat culturellement prédéterminé». Les jurisprudences de la Cour suprême et de la Cour européenne sont probablement le reflet des expériences politiques et historiques des communautés qu'elles régulent. Les États-Unis privilégient la liberté, au risque de devoir supporter des interventions publiques offensantes et pouvant générer des actes de violence contre les minorités (Noirs, homosexuels...). L'Europe, du fait de son passé totalitaire, est prête à limiter la liberté d'expression des intolérants, en se fondant sur la présomption que les mots motivent les actes et que certains discours sont authentiquement dangereux et doivent être régulés, voire interdits.

En appliquant ces présupposés, le juge européen se met en position de juger le contenu des discours. Il est le seul compétent pour déterminer à partir de quel moment un discours est suffisamment blessant ou dangereux pour être interdit. Ainsi, la Cour de cassation française a estimé que Christian Vanneste n'avait pas dépassé les bornes de l'insupportable, contrairement aux Suédois dont la Cour européenne a eu à connaître. Alors que le juge américain s'interdit de juger du contenu des discours, le juge européen est en position de déterminer cette frontière entre le tolérable et l'intolérable, dont nous recherchions la localisation au début de ce chapitre.

Cette conclusion permet d'expliquer les nombreuses contradictions entre juridictions que nous avons observées. La détermination de la frontière entre le tolérable et l'intolérable est en effet éminemment subjective : chaque juge peut en avoir sa propre idée. Un doute surgit alors : il se peut que – consciemment ou inconsciemment et afin de protéger leur légitimité démocratique – les juges cherchent, en tâtonnant et de manière itérative, à reproduire dans leur jurisprudence la conception sociale dominante. Ils n'auraient, en réalité, à peu près aucune idée précise de la limite à partir de laquelle un propos devient véritablement intolérant.

Il est possible qu'ils ne fassent que reprendre la notion dominante de l'intolérance telle qu'elle prévaut au sein de la société qui est la leur.

On est donc amené à penser que l'État de droit européen n'est pas moralement neutre puisque, au travers des lois réprimant certains types de discours et leur application par les juridictions, il ne fait que reprendre les valeurs dominantes de la société qu'il régule : il y a congruence entre le juste et le bien, et non séparation comme aux États-Unis. Cette conclusion dérangeante connaît pourtant une objection dès lors que ces sanctions ne reposent pas sur une définition sociologiquement et historiquement relative de l'intolérance, mais que celle-ci existe en tant que telle. Une définition précise, claire et permanente de l'intolérance servirait alors de guide aux juges lorsqu'ils ont à tracer la ligne entre ce qui est intolérable et ce qui doit être toléré.

Ces propos nous conduisent à poser la question des valeurs. De quoi parle-t-on lorsque l'on parle de l'intolérance? En existe-t-il une définition, au nom de laquelle il serait possible de sanctionner les propos qui s'en rendent coupables? Pour nous aider dans cette ultime réflexion, nous allons faire appel aux travaux d'Ernst-Wolfgang Böckenförde, juriste allemand, historien du droit et ancien membre de la Cour constitutionnelle fédérale allemande. Dans un article intitulé «Pour une critique de la fondation axiologique du droit», il s'en prend à l'idée selon laquelle le système juridique trouve son fondement dans des valeurs objectives qu'il lui reviendrait de défendre.

A priori, deux chemins mènent aux valeurs qui sous-tendent nos discours, selon qu'elles sont posées comme antérieures à la connaissance que peuvent en avoir les êtres humains ou qu'elles sont produites par eux.

Considérons la première de ces approches. Selon Ernst-Wolfgang Böckenförde, « pour la pensée axiologique objectiviste, les valeurs sont des données phénoménales existant en soi et idéalement. [...] L'objectivisme méthodologique part bien d'un "connaître" des valeurs, mais c'est un connaître d'une espèce particulière et, en tout cas, pas d'un connaître rationnel. Les valeurs sont saisies par le sujet en une espèce de vision des valeurs et de sentiment intentionnel des valeurs. Ce faisant, il s'agit d'actes 1° irrationnels, c'est-à-dire indépendants de la logique discursive, 2° émotionnels, se fondant en dernière analyse sur la sympathique et l'antipathie, et 3° intuitifs, reposant sur une appréhension immédiate non médiée par la pensée ». Les valeurs existent donc en soi et sont susceptibles d'une appropriation proche de l'évidence : chacun peut connaître – ou plus précisément saisir – ces valeurs. De ce mode de connaissance découle un certain usage, décrit ici par Böckenförde au moyen de trois qualificatifs.

Or il nous semble que cette description correspond tout à fait à la manière dont sont mobilisées les valeurs dans le débat politique français. Ainsi, au cours d'une discussion, il est rare que quiconque prenne le temps de définir rationnellement ce qu'il entend par la tolérance, comme s'il s'agissait d'un concept relevant de l'évidence philosophique. Les opposants à cette valeur sont rejetés dans le domaine de l'irrationnel, de la phobie et de l'intégrisme (qualificatif n° 1 de Böckenförde). En outre, les valeurs sont généralement sollicitées dans un contexte de crise émotionnelle, ce qui empêche toute prise de distance (qualificatif n° 2). L'épisode de la burqa en est une bonne illustration : les femmes qui portent le voile intégral ont immédiatement été accusées d'infidélité à la République, sur un ton scandalisé, comminatoire et peu susceptible de nourrir une discussion critique. Enfin, nos valeurs appartiennent au domaine du consensuel. Chacun est censé savoir ce qu'est la tolérance et ce qu'il faut tolérer, alors que nous avons vu combien cette question était épineuse (qualificatif n° 3).

La conséquence de cette disqualification de l'objectivité des valeurs est inévitable : « L'objectivisme est ainsi incapable, par lui-même, de fonder le droit. Celui-ci, en effet, de par sa fonction d'ordre, est nécessairement condamné à prétendre à une validité universelle et, de ce fait, à pouvoir être rationnellement discerné et à pouvoir, en principe, faire l'objet d'une entente rationnelle. De surcroît, toute puissance d'apaisement fait défaut à l'objectivisme axiologique. S'agissant de la connaissance des valeurs, de même qu'en cas de conflit ou de mise en balance des valeurs, il n'y a plus, en dernière analyse, qu'évidence contre évidence [...]. Cela fonde l'agressivité de la pensée axiologique objectiviste et l'accroît. » Cette conclusion nous rappelle la sentence de Leo Strauss : « La tolérance est un séminaire d'intolérance. » À partir du moment où la tolérance est considérée comme une obligation morale évidente et n'ayant pas besoin d'être justifiée, il est à craindre que les tolérants basculent dans l'intolérance.

Une seconde voie existe. Il est possible de dire que les valeurs que nous défendons ne sont pas des évidences morales mais des construits rationnels et consensuels. Il est possible d'imaginer que les membres d'une société démocratique sont capables de s'entendre sur une définition précise, rationnelle et opératoire des valeurs qu'ils entendent prendre comme guide d'action. Nous devons ici nous tourner une seconde fois vers Jürgen Habermas et son ouvrage *Droit et Démocratie*. Rappelons le principe de validation des normes que pose le philosophe : « Sont valides strictement les normes d'action sur lesquelles toutes les personnes susceptibles d'être concernées d'une façon ou d'une autre pourraient se mettre d'accord en tant que participants à des discussions rationnelles. » La légitimité d'une valeur est ici procédurale : elle résulte du fait que le processus de discussion, qui a permis de juger de l'acceptabilité rationnelle de la valeur, a respecté les règles d'impartialité et de libre accès de tous.

Pour le sujet qui nous occupe ici, cette description du processus communicationnel de fondation des valeurs est assez convaincante. Procédons à une expérience de pensée. Si un grand débat était organisé sur le contenu du principe de tolérance, il est probable que, à l'issue de la présentation de l'ensemble des arguments sur le sujet, un quasi-consensus émergerait sur l'illégitimité du racisme, de l'antisémitisme et de l'homophobie. La science a en effet démontré l'unité de l'espèce humaine et l'impossibilité de postuler la supériorité biologique d'un groupe sur un autre. L'histoire de l'Europe a montré que la mise en cause des juifs pouvait effectivement conduire à des atrocités. De même, il devrait être possible de s'entendre rationnellement sur le fait que l'homosexualité est une orientation sexuelle constitutive de l'identité des individus et qu'elle ne peut de ce fait être jugée inférieure moralement à l'hétérosexualité.

Cette méthode permet donc de dire qu'il existe une définition rationnelle et consensuelle de la valeur de tolérance, susceptible de servir de support à la pénalisation de certains discours. La théorie de l'agir communicationnel ouvre une voie de sortie à l'alternative douloureuse du libéralisme échevelé des Américains et des craintes de Böckenförde sur l'imposition d'un système de valeurs irrationnel et intolérant.

Cette méthode de fondation des valeurs peut cependant faire l'objet de trois critiques, d'importance croissante.

Le premier argument est construit de la manière suivante : cette méthode est juste mais bute toujours sur la question des limites. Quelle est la réelle extension de cette valeur de tolérance qui nous conduit à condamner le racisme, l'antisémitisme et l'homophobie ? C'est là l'une des grandes critiques que les Américains adressent au choix européen de pénaliser les propos intolérants. Il est en effet très tentant de sanctionner les propos intolérants, mais le risque demeure que certains groupes instrumentalisent ces délits pour intimider des personnes porteuses d'idées iconoclastes. Apeurées par la menace d'une sanction pénale, celles-ci verraient leurs opinions légitimes mais dérangeantes privées d'accès à l'espace public. Par exemple, la mise en cause de l'existence de l'État colonial israélien relève-t-elle de l'antisémitisme ? De même, la critique de l'islam en tant que religion est-elle du racisme ? S'opposer au mariage homosexuel relève-t-il de l'homophobie ?

Nous avons déjà développé le second argument : l'acceptabilité rationnelle d'une valeur peut très bien n'être que le reflet de l'« air du temps », caractéristique d'une époque et d'une société données. C'est visiblement l'opinion de Böckenförde. Pour le juriste, « la fondation axiologique du droit fonde le droit sur un élément instable, le consensus axiologique à un moment donné, qui est soumis, dans une société pluraliste, à de fréquents changements et n'offre en soi aucune garantie d'exactitude ». Le problème réside dans l'historicité de la conscience axiologique : toute société évolue, et ses valeurs font de même. La fondation axiologique du droit est donc une fausse prétention : en croyant fonder le système juridique sur les valeurs rationnelles, l'époque actuelle ne fait que redécouvrir le positivisme sociologique, incapable en lui-même de donner des bases stables au système juridique.

Le troisième argument est identique à celui que nous avions déjà avancé dans le précédent chapitre. Il prend la forme de la question suivante : la raison divine est-elle soluble dans la raison communicationnelle ? Les croyants sont-ils en mesure de participer authentiquement au processus communicationnel décrit par Jürgen Habermas ? Peut-on obliger Dieu, au travers des croyants, à discuter rationnellement avec d'autres êtres humains ? Là encore, la religion apparaît comme le principal obstacle à l'édification d'un consensus rationnel sur le contenu de la valeur de tolérance. Par exemple, il semble difficile d'envisager un consensus sur le sens moral à attribuer à l'homosexualité si les croyants qui participent à la discussion estiment que leur dieu a condamné cette pratique comme étant contraire à la loi naturelle. Le problème est que Dieu ne discute pas, au travers de ses croyants, de la légitimité de ses commandements.

Jürgen Habermas a vu cette problématique dans plusieurs de ses récentes contributions. Ainsi, dans un article intitulé « Intolerance and discrimination[1] », fait-il sienne cette argumentation selon laquelle toutes les opinions ne doivent pas être tolérées et que la tolérance, pour être effective, doit accepter de s'opposer à l'intolérance et de l'exclure de l'espace public. Comme il le reconnaît lui-même, sa défense de la perspective d'un consensus axiologique sur

1. Jürgen HABERMAS, « Intolerance and discrimination », *International Journal of Constitutionnal Law*, 2003, n° 1, p. 2-12.

le contenu de la tolérance repose sur l'hypothèse de base que les personnes croyantes ont pleinement adhéré à la modernité, c'est-à-dire souscrivent au principe de l'égalité des droits et sont capables de se mettre à la place de leurs interlocuteurs pour percevoir la validité de leur discours. Cette exigence éthique ne doit pas conduire les croyants à renoncer à leur foi mais en limite néanmoins la capacité à orienter la totalité de leur existence : pour être pleinement accueillis dans l'espace public, les croyants doivent être en mesure de se décentrer et d'accepter de mesurer certains de leurs dogmes religieux (comme la condamnation de l'homosexualité) aux prétentions des autres parties prenantes. Il faut pouvoir mettre, à l'occasion, Dieu à l'épreuve. Jürgen Habermas, dans un autre article intitulé «Religion et espace public[1]», a rendu cette exigence plus symétrique en relevant que les croyants, parce qu'ils disposent de ressources spirituelles que n'ont pas les athées, peuvent enrichir l'espace public de contributions spécifiques, et qu'il appartient à tous les citoyens de faire un effort particulier pour les valoriser, y compris si elles sont exprimées en langage religieux et doivent être *retranscrites* selon une tournure laïque.

Comme dans notre précédent chapitre, la possibilité d'un consensus axiologique sur le contenu de la tolérance (et ici pour l'acceptation de l'homosexualité) dépend de l'appréciation portée sur le facteur religieux. Soit les croyants ont pleinement intégré les exigences de la modernité tout en conservant leur foi, c'est-à-dire qu'ils sont en mesure de participer aux débats publics en acceptant de mettre à distance certaines de leurs croyances; soit les croyants

1. Repris dans *Entre naturalisme et religion*, Gallimard, 2008, «NRF Essais».

demeurent rivés à l'application stricte de leurs dogmes et il est probable que le consensus sur la neutralité morale de l'homosexualité ne voie jamais le jour, les religions révélées conservant une hostilité durable envers cette orientation sexuelle.

La vérification de cette seconde hypothèse prouverait alors la sagesse des États-Unis : lorsqu'il est impossible d'envisager un accord sur les valeurs morales de base, l'État ne peut préserver sa légitimité qu'en respectant les axiomes du libéralisme, c'est-à-dire en ne prenant jamais partie entre les différentes positions en présence. S'il devait le faire, il rejoindrait un parti contre l'autre et perdrait sa légitimité. Nous retrouvons la situation hobbesienne : l'État est le gardien des corps et non des âmes ; il n'est pas là pour trancher les indécidables conflits moraux qui animent la société mais pour assurer la garantie des droits et empêcher les tensions de dégénérer.

Au contraire, les États européens, en pénalisant les propos intolérants, interviennent dans le conflit des valeurs et quittent la position surplombante qui garantit leur légitimité. Les conséquences d'un tel mouvement sont sujettes à débat. On peut s'en réjouir, au nom du fait que la tolérance est un principe moral essentiel, sans lequel le vivre-ensemble dans une société pluraliste n'est pas envisageable. On peut aussi penser que les apories ici identifiées sont de peu d'importance en pratique : les extrémistes, religieux ou non, ne représentent qu'une poignée d'individus ; la tolérance sera très bientôt l'objet d'un consensus massif et stable au sein des sociétés européennes.

Au contraire, la résurgence des religions, prévisible dans un monde où les religions civiles nationales sont en voie de dépérissement, risquerait de conduire à une intensification des conflits de valeurs, et à des tentatives toujours plus fréquentes d'instrumentalisation de l'État par les différents partis. Ce dernier ne pourra alors préserver sa légitimité qu'en veillant scrupuleusement à sa neutralité.

CONCLUSION

Au moment d'achever cette réflexion, nous souhaitons d'abord remercier le lecteur d'être parvenu à son terme et confesser notre hésitation alors qu'il nous faut conclure. Ensemble, nous avons considéré la plupart des arguments et faits qui pouvaient être mobilisés pour tenter de comprendre pourquoi la France, en 2009, s'est passionnée pour la burqa et l'a interdite. Si différentes voies explicatives – entre crise identitaire et retour de la question théologico-politique – ont été exposées, nous ne nous sentons pas en mesure de trancher en faveur de l'une ou de l'autre. Nous nous contenterons donc de proposer au lecteur quelques commentaires, généraux ou spécifiques à la situation française.

À l'heure actuelle, le citoyen européen est confronté à deux types de discours sur la question de l'intégration de l'islam au sein des sociétés européennes. Les sociologues appellent, de manière persuasive pour ceux qui prennent le temps de les lire, à la « décrispation ». Pour eux, le problème principal ne réside pas dans l'islam ou la communauté des citoyens de confession musulmane, mais dans les représentations qui leur sont associées. L'inquiétude islamophobe n'est pas justifiée par les pratiques de l'immense majorité des croyants et il convient d'accorder enfin la parole et une entière citoyenneté à toutes ces jeunes femmes qui portent le voile pour des raisons qui leur sont personnelles, et de cesser de plaquer un discours préconstruit sur leur aliénation ou leur asservissement prétendus. La solution à la crise identitaire à laquelle nous sommes confrontés réside dans l'approfondissement de la tolérance : lorsque les sociétés européennes respecteront authentiquement les principes de liberté, d'égalité et d'ouverture qui les fondent, alors le besoin pour les citoyens musulmans d'afficher une religiosité exacerbée sera bien moindre.

Face à cette tentative d'apaisement des tensions qui parcourent les sociétés européennes, une autre voix s'élève du côté de la philosophie politique – pas celle, dominante, qui cherche à reconstruire rationnellement les présupposés normatifs de notre modernité – mais celle, bien vivante en France, qui s'attache au contraire à relativiser la différence moderne pour percevoir les permanences anthropologiques à l'œuvre dans le politique et qui pourraient utilement contribuer à éclairer notre situation présente. Le moderne se reconnaît par le fait qu'il cherche spontanément, lorsqu'il débute l'analyse d'un fait comme celui du voile intégral, à distinguer ce qui relève du «politique» et ce qui relève du «religieux». Le présupposé fondamental est alors qu'il est possible de séparer précisément ces deux domaines : le décalage décisif introduit par la pensée de quelqu'un comme Pierre Manent est peut-être que cet effort de séparation est intrinsèquement voué à l'échec. Toute collectivité humaine, dans les tentatives qu'elle entreprend pour se gouverner elle-même, serait ainsi confrontée au problème théologico-politique, dont la première manifestation est que la frontière entre le politique et le religieux est poreuse, mouvante et parfois indiscernable. En ce sens, nous n'avons jamais été et nous ne serons jamais pleinement modernes malgré, justement, tous les efforts entrepris pour séparer le politique du religieux.

L'épisode de la burqa constitue une excellente illustration de cette thèse. Si le voile intégral – et il n'y a pas de raison d'en douter – constitue avant tout la manifestation d'une expression religieuse, il ne peut pas, au regard de la constitution politique de la société française, ne pas être considéré comme un geste politique qui marque la volonté de se retirer de la communauté des citoyens et le rejet des valeurs qui sont au cœur des attentes intersubjectives des Français. Nous avons proposé de considérer que le voile intégral était un « blasphème » pour la religion laïque française ; nous maintenons cette proposition, dont l'emprunt au registre religieux illustre convenablement la réaction passionnelle de nombreux républicains à cette pratique, mais aussi, donc, l'impossibilité, dans certaines circonstances, de dissocier le politique du religieux.

En conséquence, la question à trancher est aussi épistémologique. Si nous sommes à la recherche d'une science politique, c'est-à-dire d'une intelligibilité authentique de notre vie politique, il nous semble que nous pouvons nous tourner vers deux autorités : la sociologie, pleinement moderne et qui se consacre à l'approfondissement de notre compréhension du caractère socialement construit de nos représentations, ou une certaine philosophie politique, qui n'a pas renoncé à la recherche de la nature des choses politiques, au sein desquelles la question théologico-politique figure au premier plan. Le devenir de l'intégration de l'islam dans les sociétés européennes sera donc décisif pour nos existences en tant que citoyens, mais aussi pour la détermination de la voie qui nous conduira à une bonne compréhension de notre vie politique.

La réflexion que nous venons d'avoir sur le voile intégral et la pénalisation des propos homophobes a aussi mis en lumière les difficultés d'une autre «séparation» qui est au cœur du projet moderne : celle du droit et de la morale. Ainsi la loi d'interdiction du voile intégral peut-elle être critiquée parce qu'elle restreint de manière disproportionnée la liberté de conscience au nom de principes moraux qui n'ont rien à faire dans un dispositif juridique. En particulier, le vivre-ensemble est une notion sans contenant ni périmètre, que le législateur pourrait utiliser à nouveau pour exclure toute pratique qui contreviendrait à ce qu'il estime être nécessaire à la vie commune en France : c'est un instrument rêvé pour restaurer un ordre moral. En outre, certains, comme les juges dissidents de la CEDH sur l'arrêt rendu à propos de la loi française, estiment qu'ils appartient à ceux qui voient un voile intégral de tolérer cette pratique et qu'un «droit à ne pas être choqué» ne peut être en l'occurrence invoqué. En effet, cela reviendrait à créer en contrepartie un «devoir de montrer son visage dans l'espace public» qui ne saurait être accepté, même si l'on invoque des principes démocratiques comme la citoyenneté, car notre système juridique ne reconnaît que des droits et non des devoirs à ses membres.

Cependant, le traitement de la tolérance par les systèmes juridiques européens fragilise cette argumentation fondée sur la séparation des sphères juridique et morale. Comme nous l'avons vu, la pénalisation des propos sur le fondement de leur dangerosité présumée place le juge en position d'arbitre : il lui appartient de déterminer le degré d'intolérance à partir duquel un propos est suffisamment outrancier et blessant pour être pénalisé. En outre, la pénalisation des discours au nom d'une dangerosité présumée très largement conçue conduit très concrètement à inverser la charge de la tolérance : ce sont ceux qui souhaitent user de leur liberté d'expression dans un sens choquant pour la majorité de la population qui doivent la restreindre au nom du devoir de tolérance qui s'impose à tous les membres de la société démocratique.

Bien entendu, il est tout à fait justifié de dire que les deux situations ne sont absolument pas comparables. En effet, le discours intolérant, qu'il soit raciste, antisémite, islamophobe ou homophobe, est beaucoup plus répandu que le voile intégral, qui ne concerne que quelques femmes sur le continent européen; en outre, un discours, parce qu'il mobilise et justifie des actes qui peuvent porter atteinte aux personnes, est en soi beaucoup plus dangereux qu'une pratique religieuse vestimentaire. Ces arguments sont sans doute vrais, mais passent à côté de ce qui constitue le cœur du problème européen : cette confusion entre droit et morale pourrait progressivement fragiliser la légitimité de l'État. À partir du moment où ce dernier ne se contente pas d'assurer son rôle de gardien des droits et de l'ordre public pour intervenir dans la régulation morale des comportements, c'est sa raison d'être qui est en cause. Dès lors que certains segments de la population estiment – et non sans argument – que la puissance publique contourne les principes de l'État de droit pour restreindre leur liberté d'expression ou de conscience, ils peuvent légitimement penser qu'il ne s'agit pas de «leur» État, mais bien d'une puissance oppressive. Il n'est pas sûr que le vivre-ensemble en ressorte conforté.

Le dernier commentaire que nous proposons au lecteur concerne la France. En effet, l'épisode du voile intégral est aussi, et peut-être principalement, une crise française. Il semble qu'il y ait bien une dimension réactive dans le voile intégral, comme une sorte de reproche implicite fait à la France, l'hiatus entre son discours sur les droits de l'homme et son refus de la diversité et de la visibilité des religions étant devenu insupportable pour un certain nombre de Français de confession musulmane. L'hypocrisie a assez duré, pourrait-on dire. Et cet argument a incontestablement du poids : il y a effectivement dans la tradition politique française un courant républicain, issu de la Révolution française, hostile par principe à la manifestation des religions et peu scrupuleux du respect des libertés publiques. Et cette tradition a sans doute un impact négatif sur l'intégration, en soumettant les migrants et leurs descendants à des injonctions contradictoires, entre proclamation des droits de l'homme et injonction assimilationniste. C'est l'illibéralisme d'un pan important de la culture politique française qui pose question, et il n'y a guère de doute qu'un relâchement de cette exigence de conformité sociale aurait un effet apaisant sur le vivre-ensemble en France.

L'inverse, néanmoins, l'abandon de toute valeur commune pour une pure indétermination et la réduction de ce que nous avons de commun à la procédure démocratique et à l'État de droit, ne va pas sans difficultés. En effet, et nous retrouvons là notre premier commentaire, la «vacuité substantielle» d'Ulrich Beck, sur laquelle nous sommes censés fonder notre organisation politique, se trouve confrontée à la question théologico-politique, c'est-à-dire au fait que les hommes souhaitent naturellement vivre dans des communautés constituées. Un monde dans lequel il n'y aurait aucune communauté d'appartenance entre l'individu et l'humanité pourrait bien se révéler parfaitement inhumain ; l'humanité de l'homme requiert une médiation, une appartenance à une communauté intermédiaire entre l'individu et la totalité du monde. Et c'était précisément la fonction des nations que de constituer cette médiation.

Ce livre est issu d'un article paru dans la revue *Le Débat* en novembre 2012 et réédité par la *Law Review of the Kansaï University* (Japon), sous le titre : *Logique juridique, logique politique, le cas de la burqa*. Constantin Languille est étudiant en science politique.

Composition Entrelignes (64).
Achevé d'imprimer
sur Roto-Page
par l'Imprimerie Floch
à Mayenne, le 30 janvier 2015.
Dépôt légal : janvier 2015.
Numéro d'imprimeur : 87955.

ISBN 978-2-07-014814-1 / Imprimé en France.

278716